GIORNO ATTIV[barcode] SULLA NEVE PER GLI INSEGNANTI

LIBRO DA COLORARE PER GLI INSEGNANTI

Coloring Bandit

Pubblicato da Speedy Publishing Canada Limited

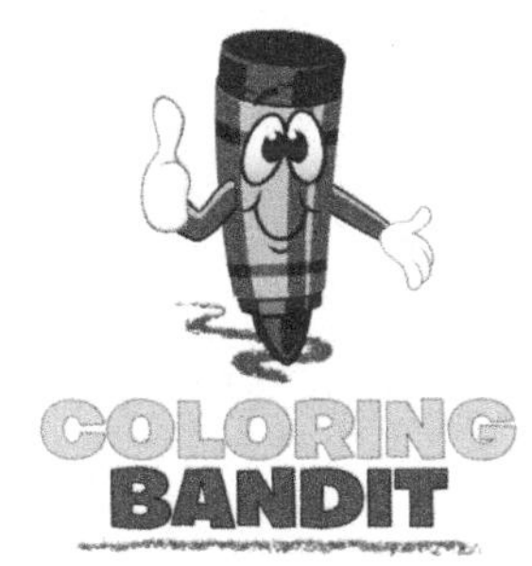

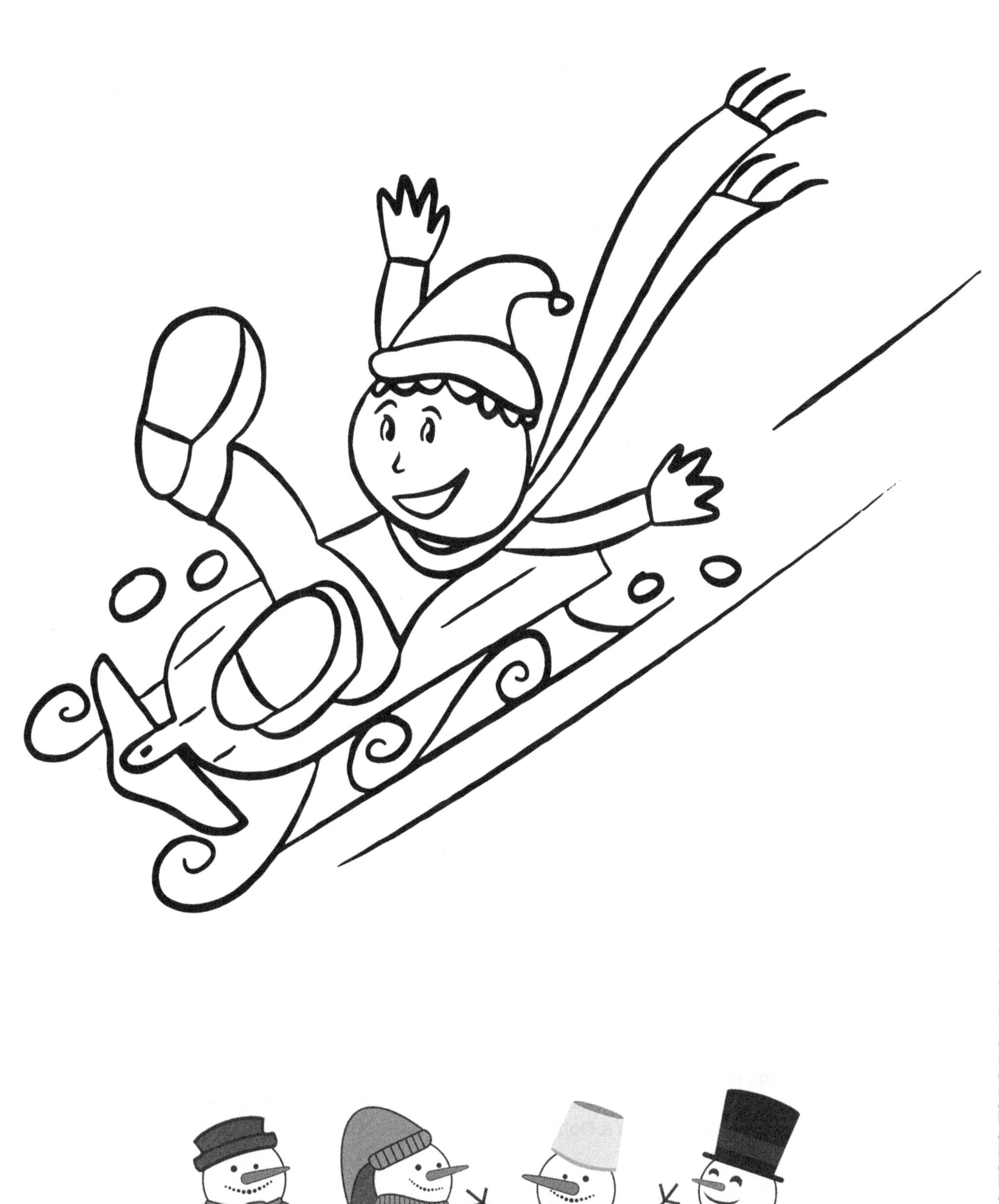

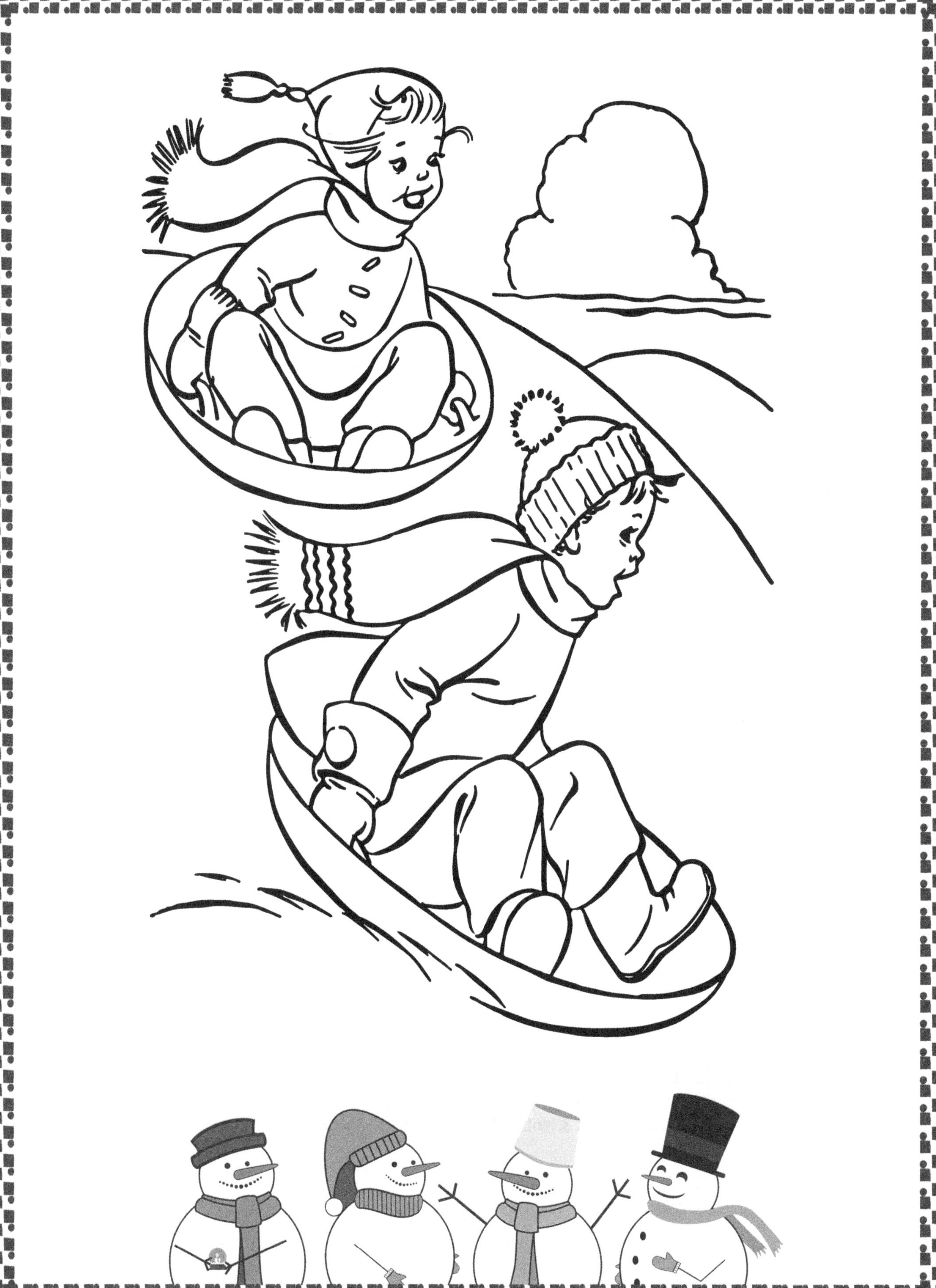

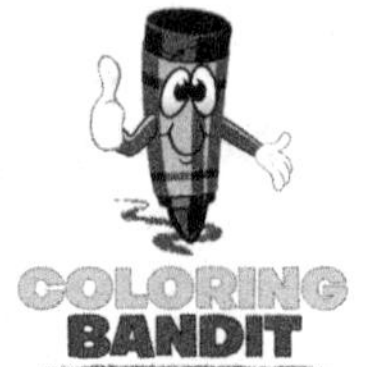

Questo è un sanguinare attraverso pagina se si utilizza un colorante indicatore o una penna!

Trovare altri grandi titoli di ricerca per disegni da Colorare Bandit su Il tuo libro preferito rivenditore

Amazon.Ca | Barnes & Noble (BN.Com) | Libri 1 Milione (BAM.Com)

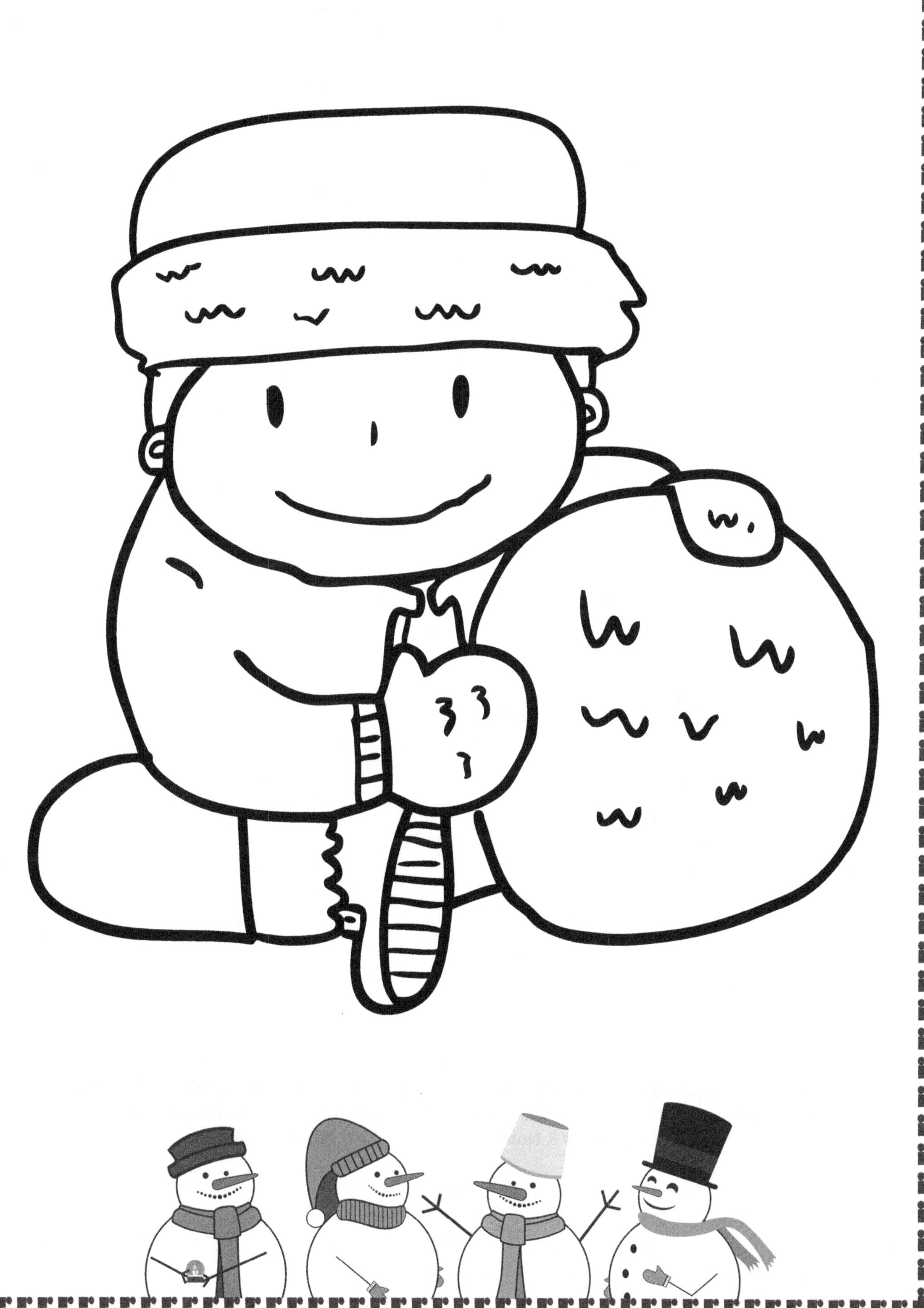

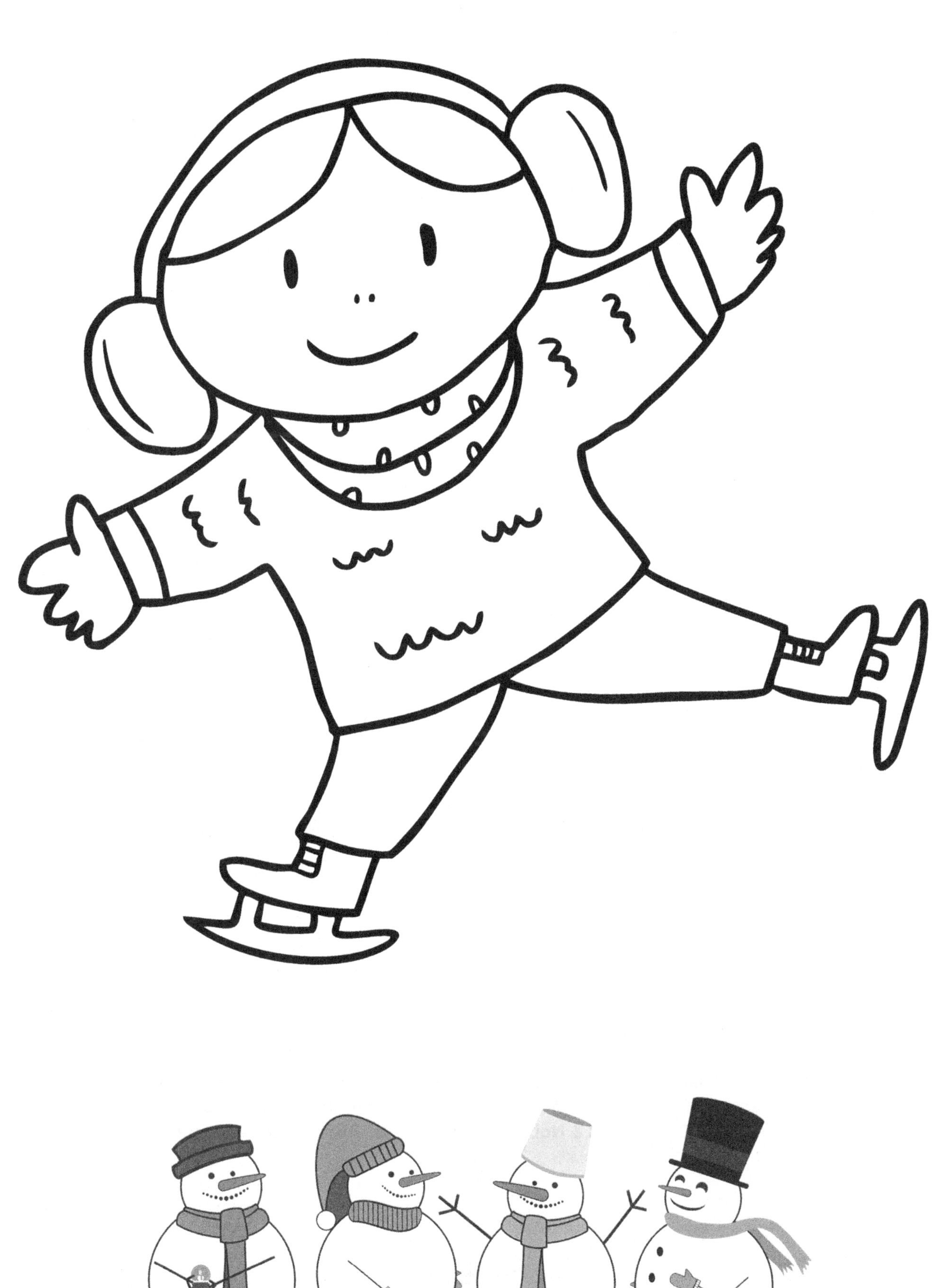

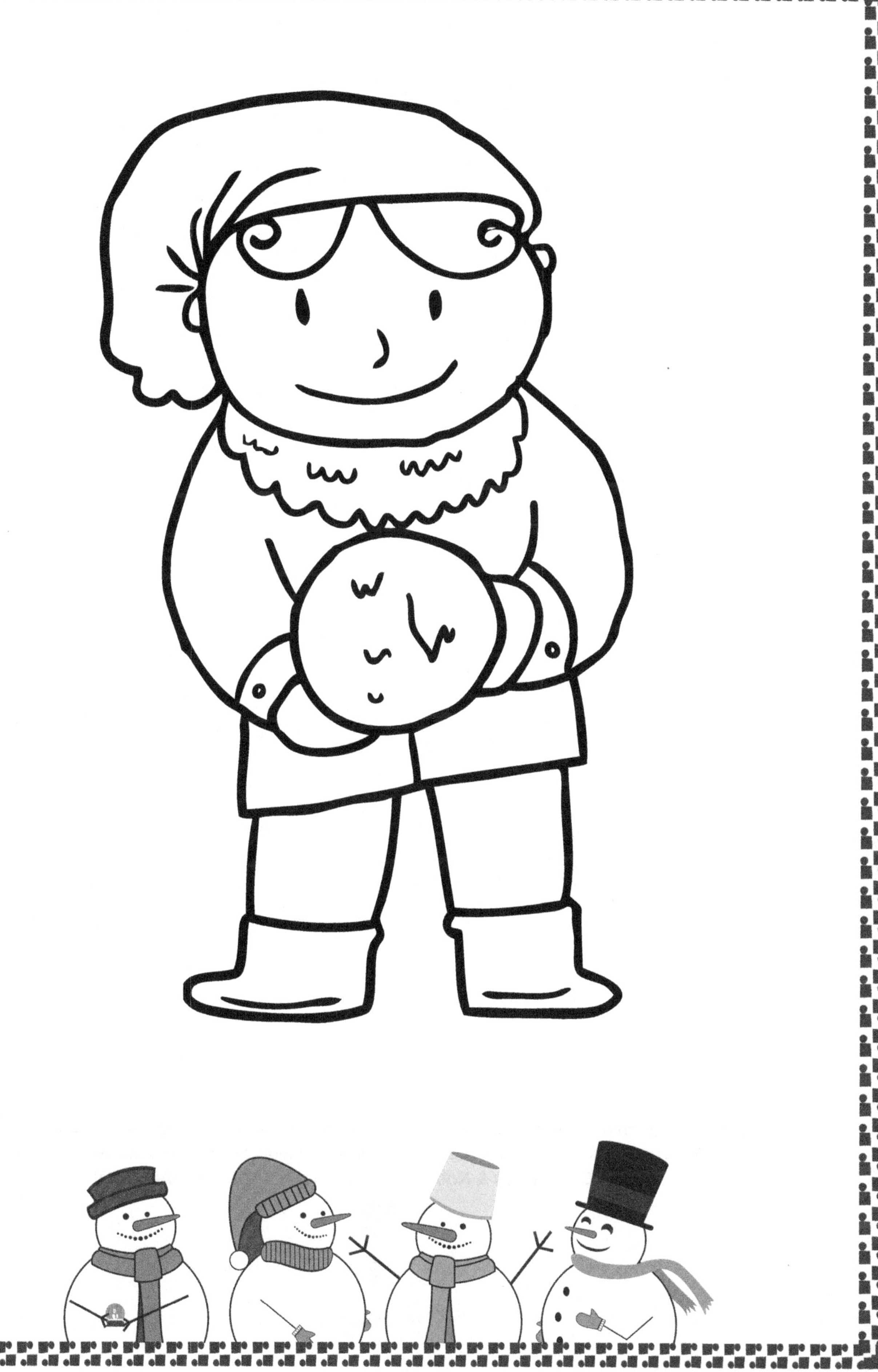

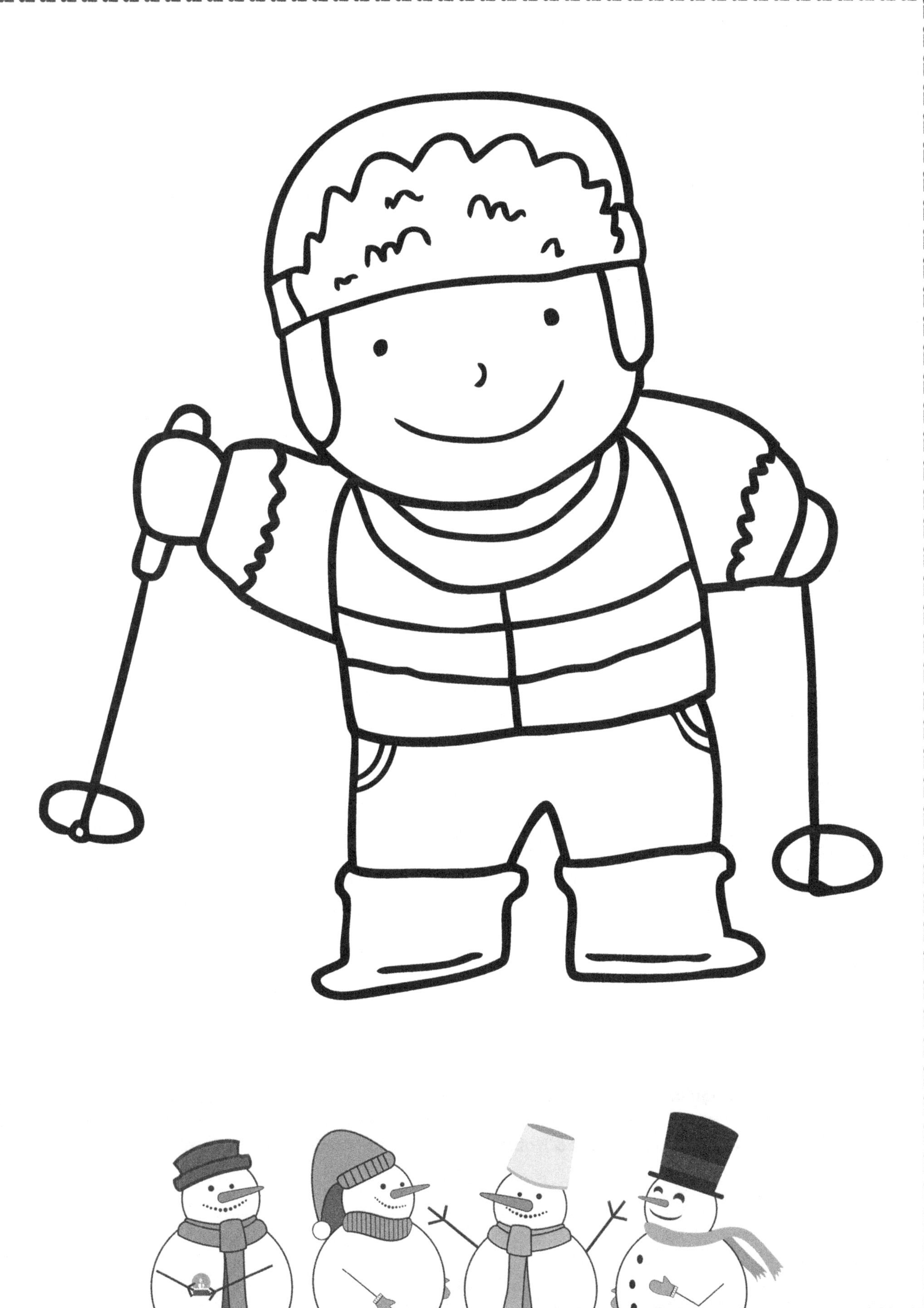

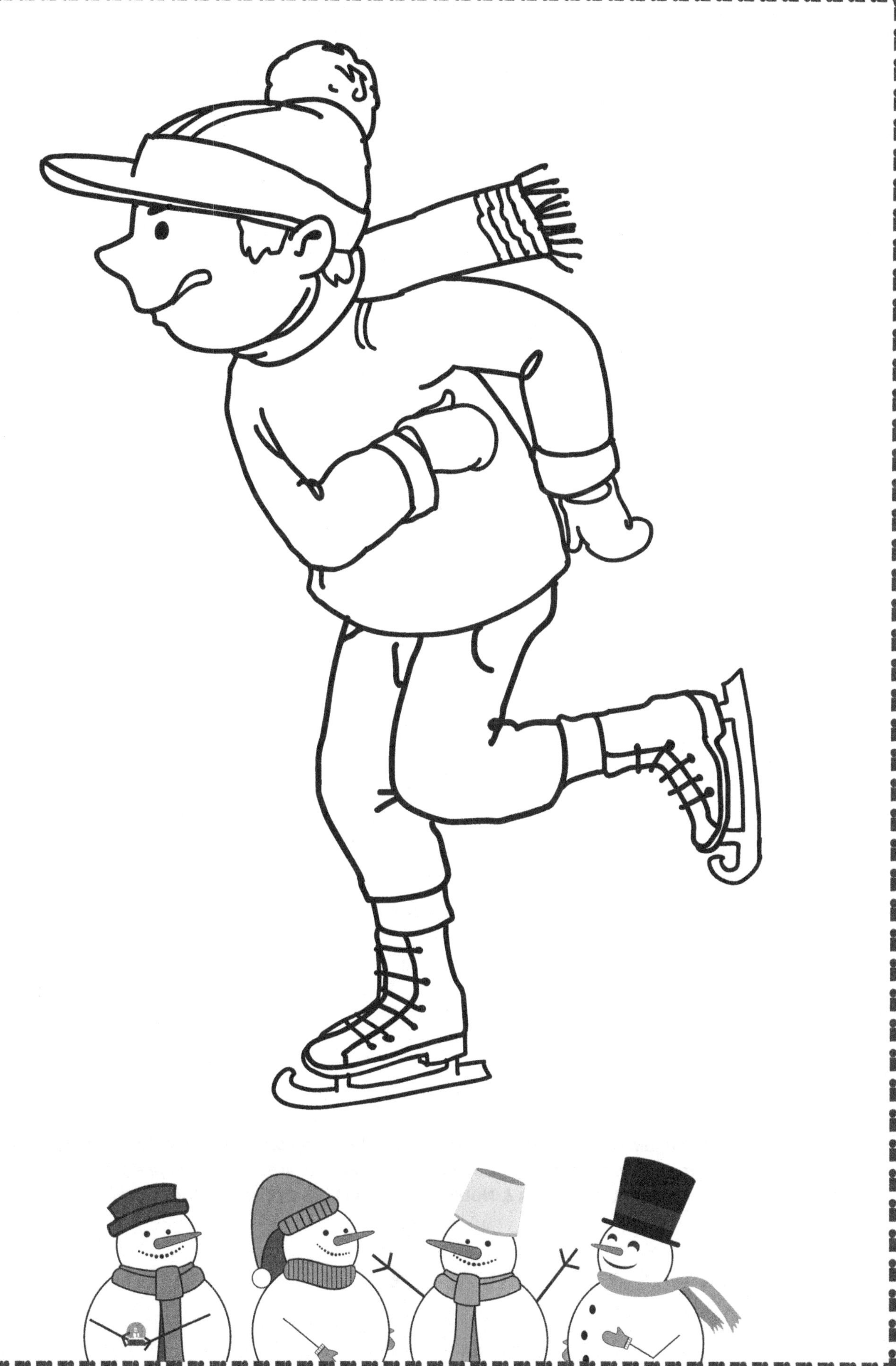

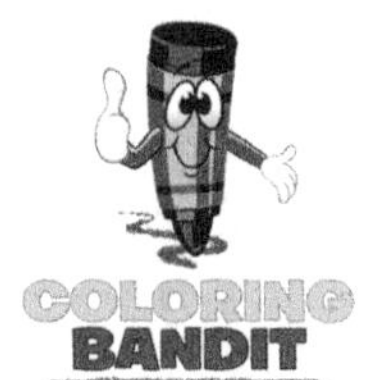

Questo è un sanguinare attraverso pagina se si utilizza un colorante indicatore o una penna!
Trovare altri grandi titoli di ricerca per disegni da Colorare Bandit su Il tuo libro preferito rivenditore
Amazon.Ca | Barnes & Noble (BN.Com) | Libri 1 Milione (BAM.Com)

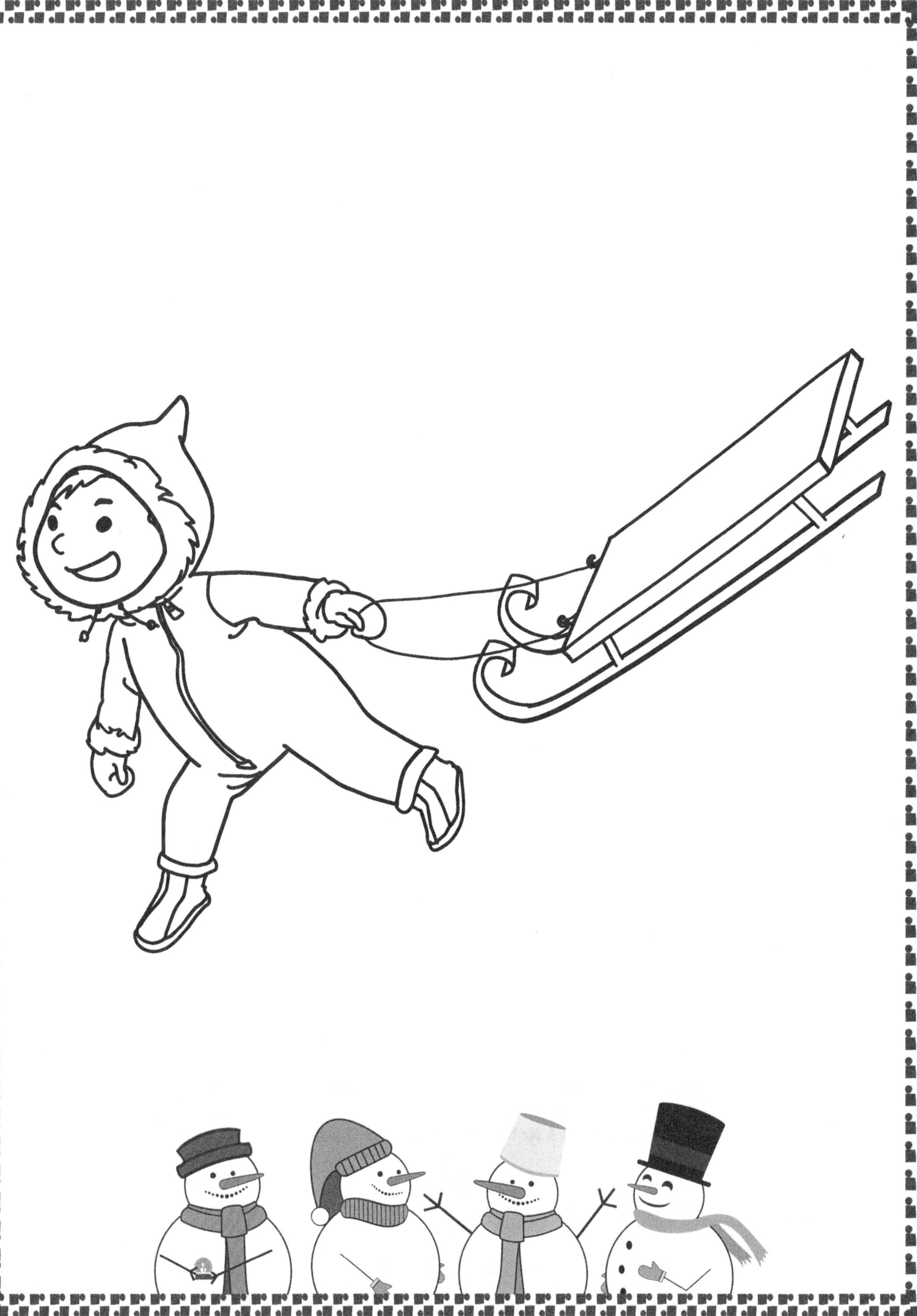

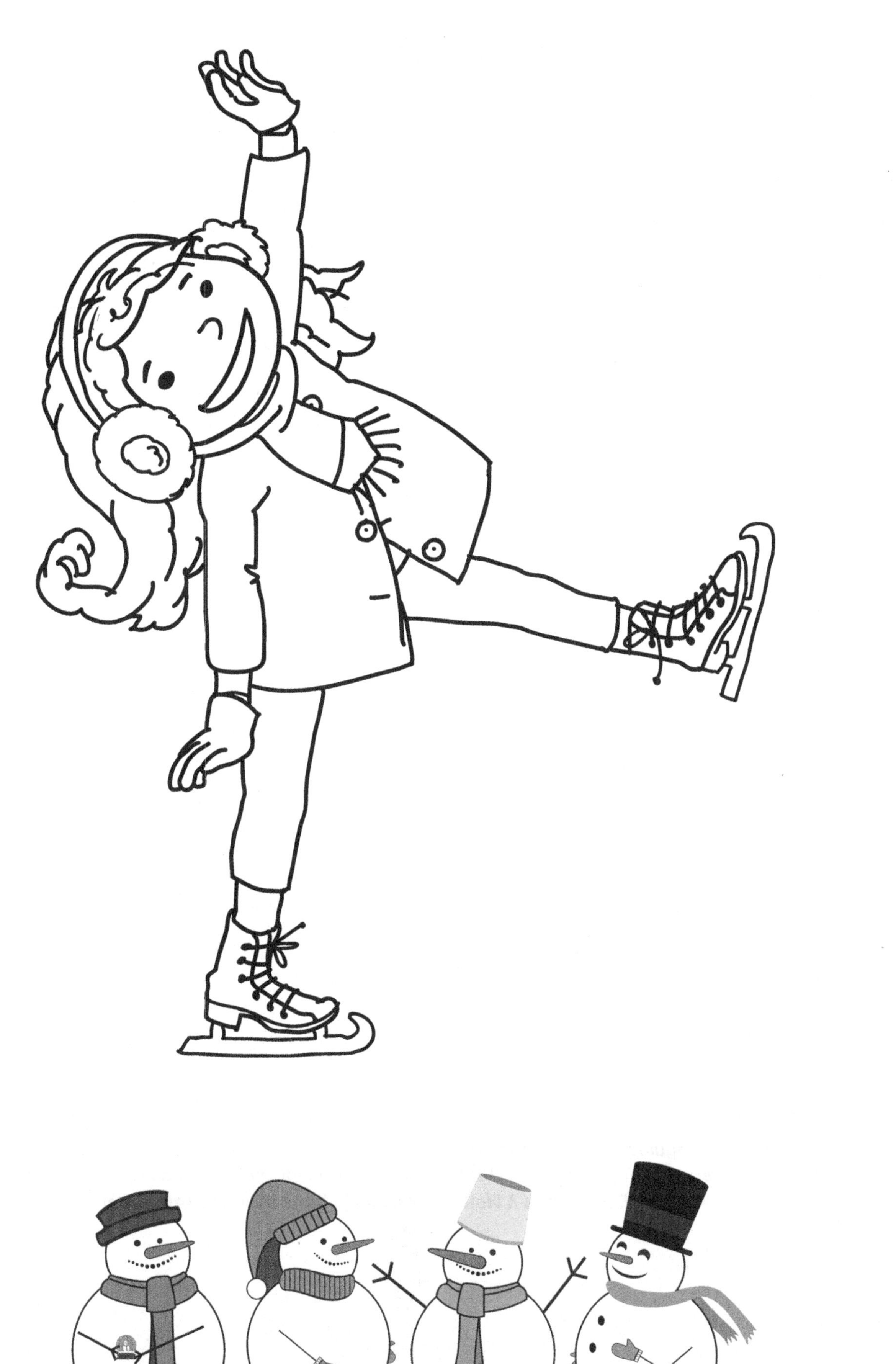

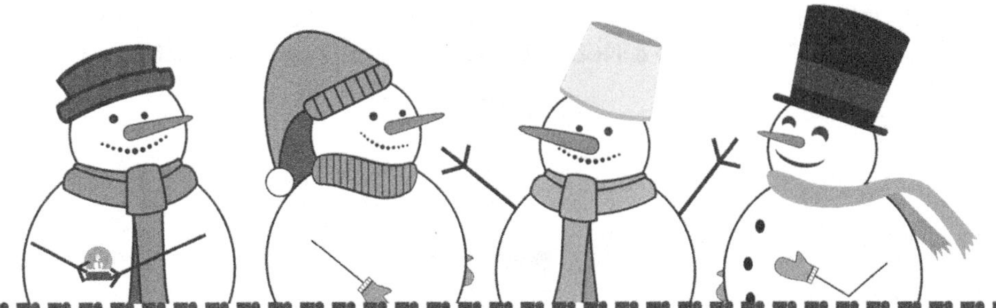

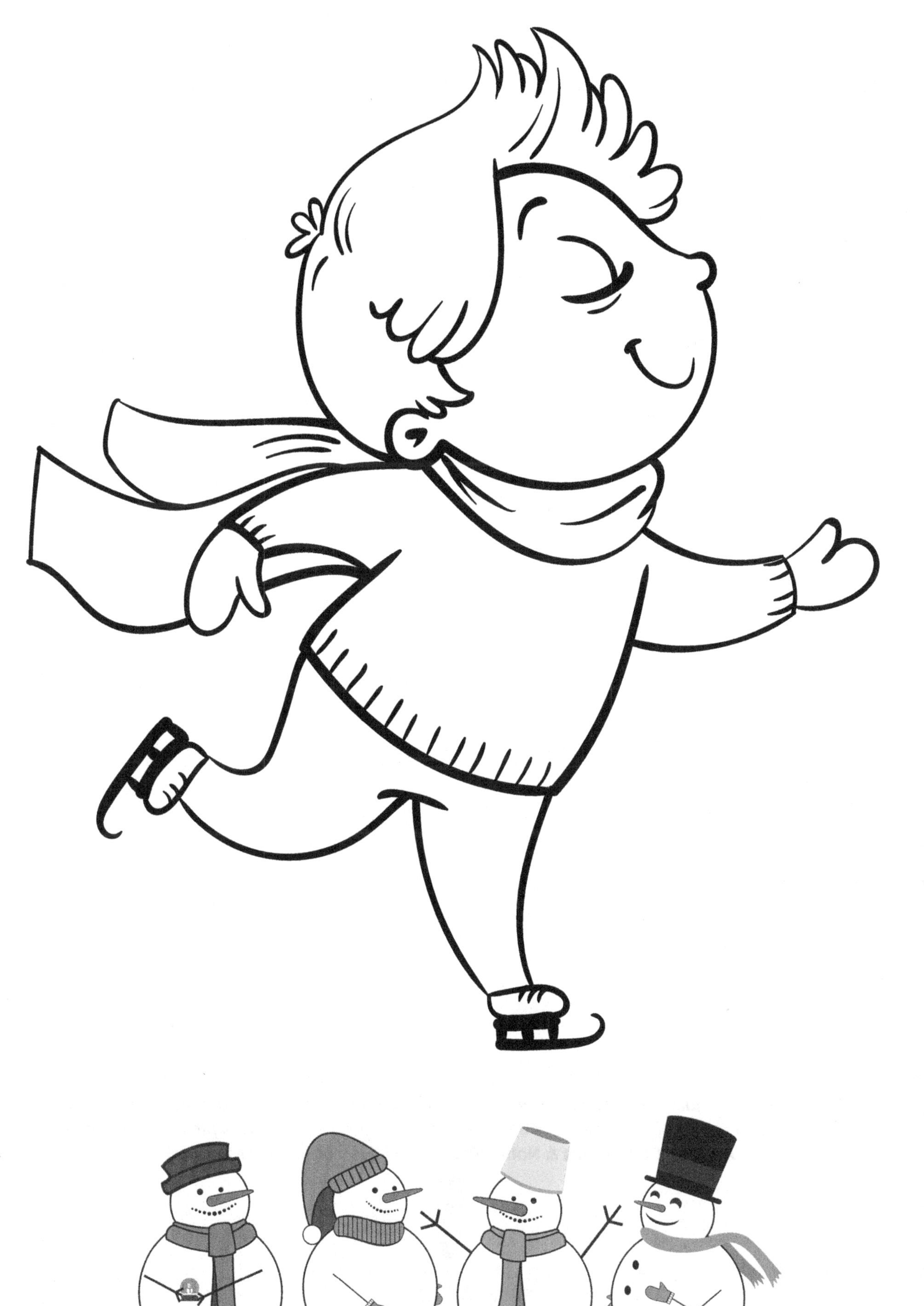

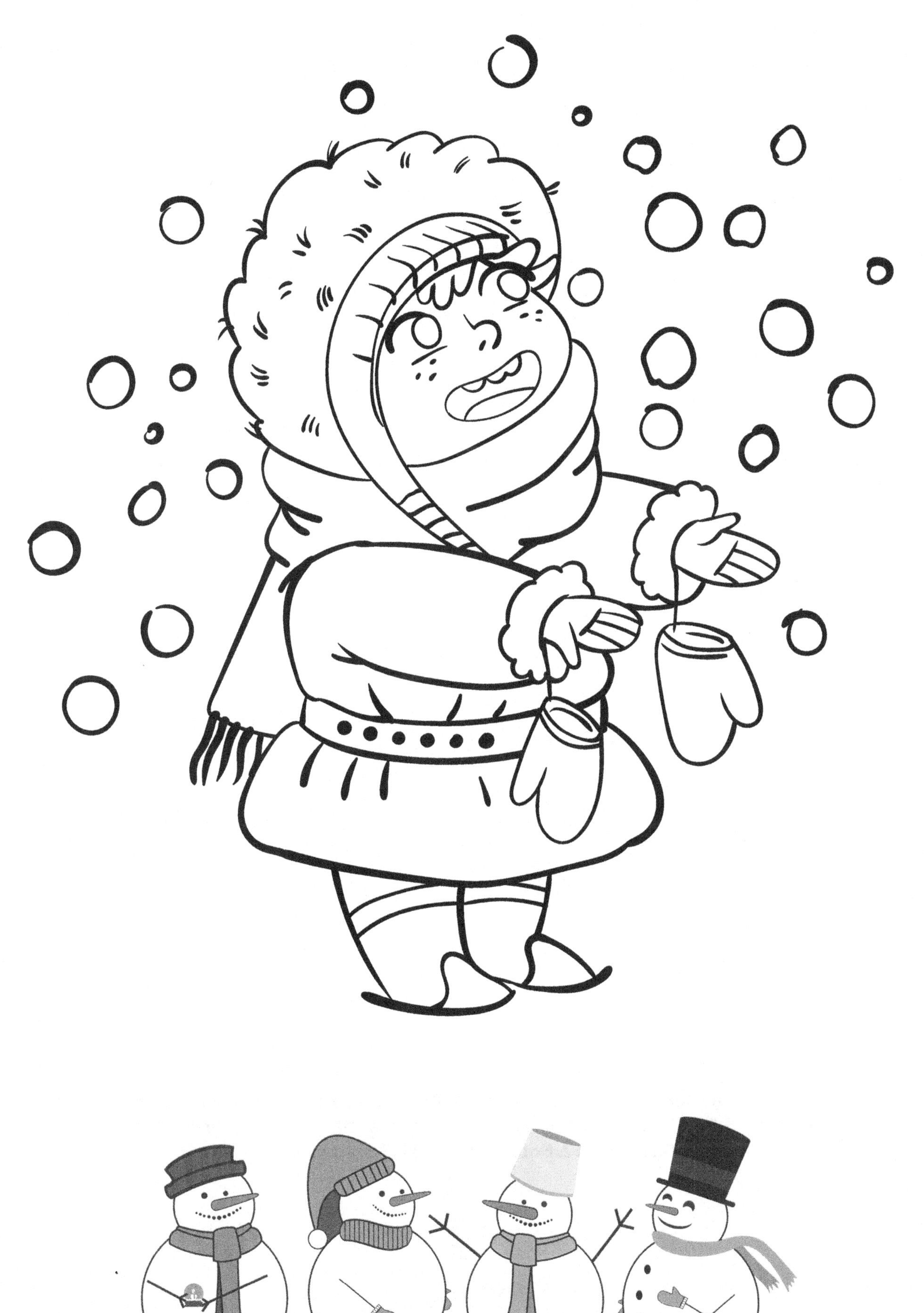

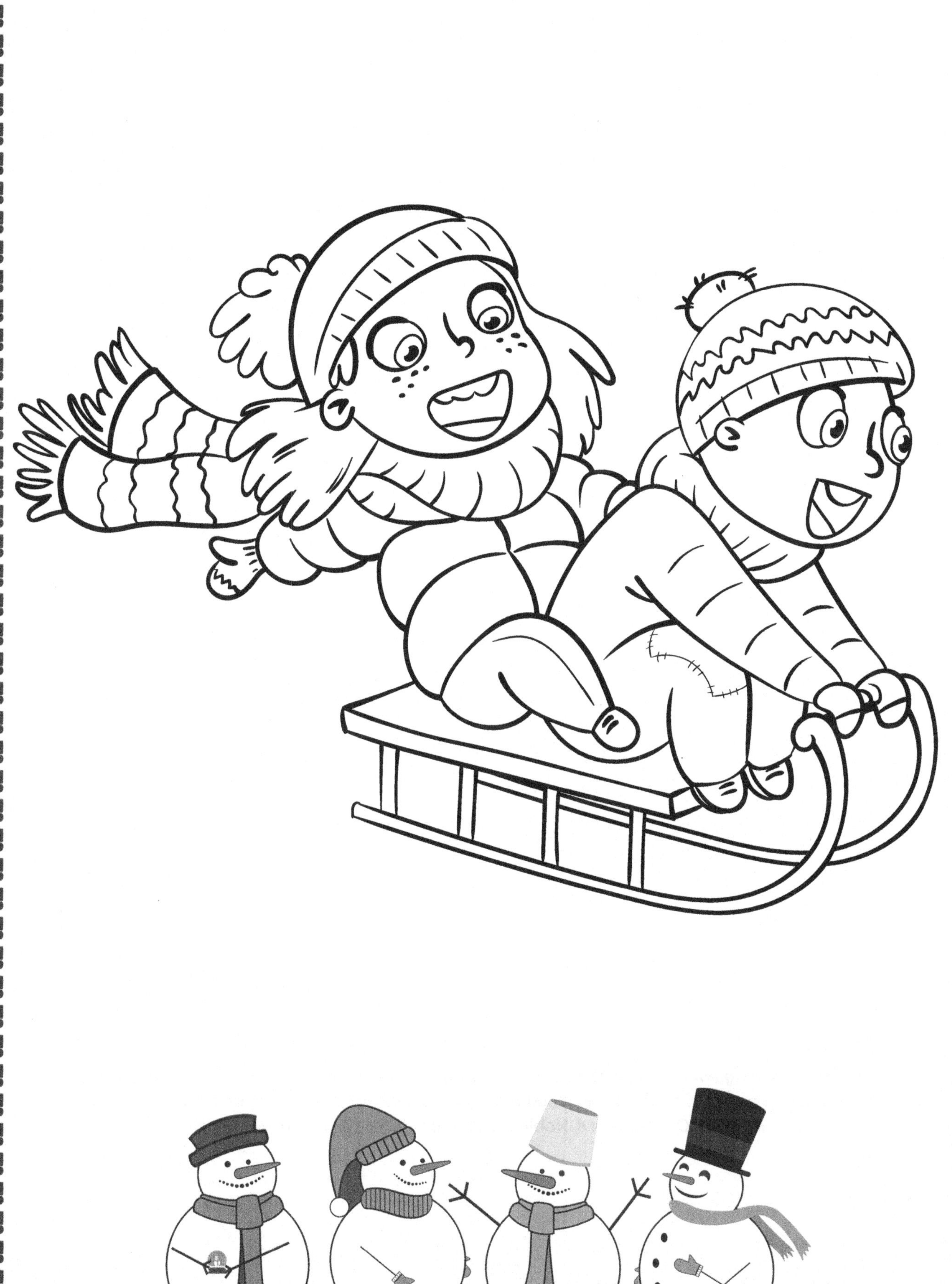

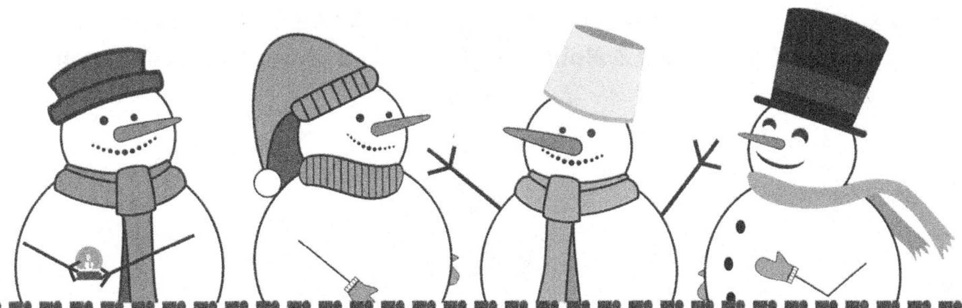

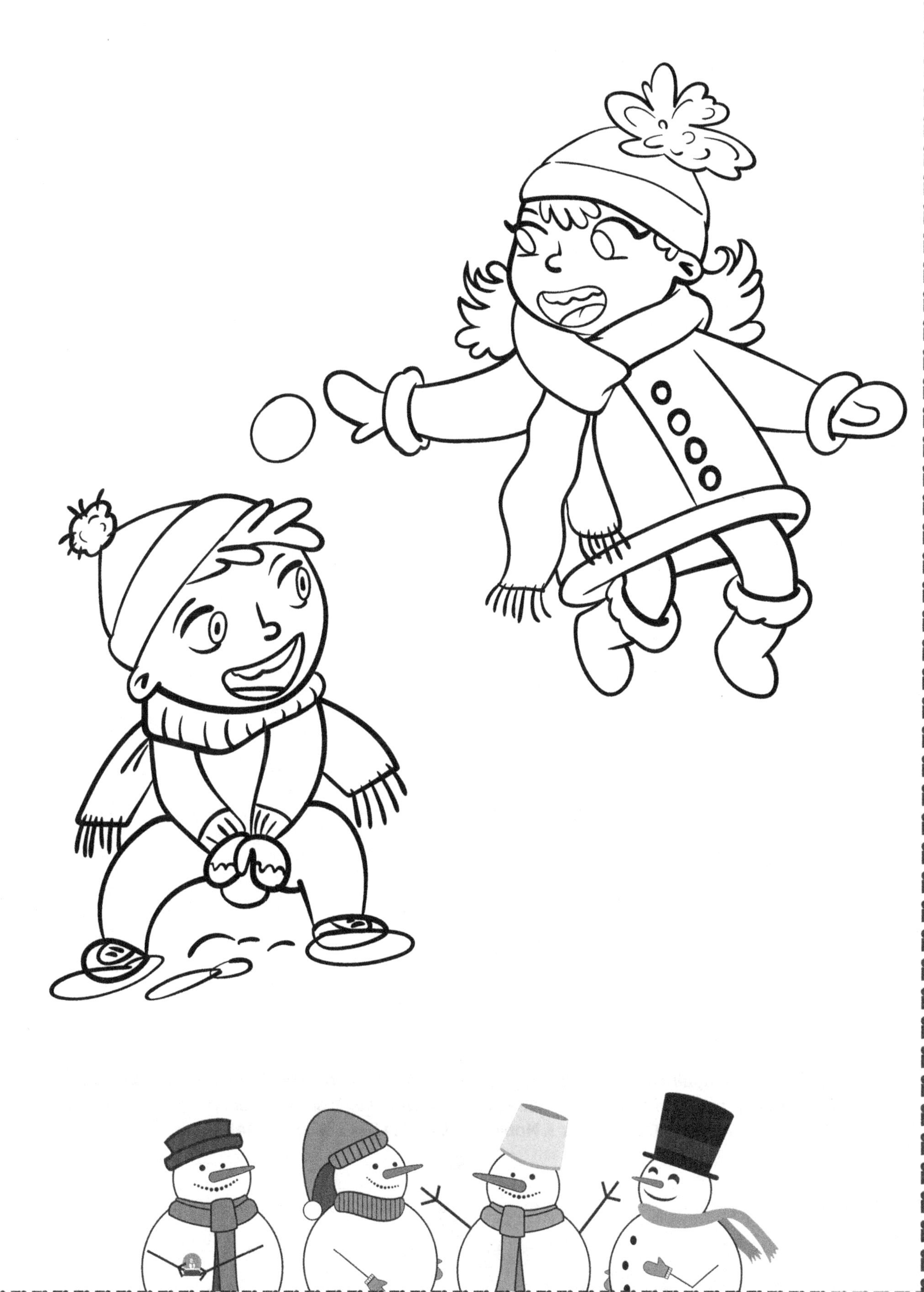

Questo è un sanguinare attraverso pagina se si utilizza un colorante indicatore o una penna!
Trovare altri grandi titoli di ricerca per disegni da Colorare Bandit su Il tuo libro preferito rivenditore
Amazon.Ca | Barnes & Noble (BN.Com) | Libri 1 Milione (BAM.Com)

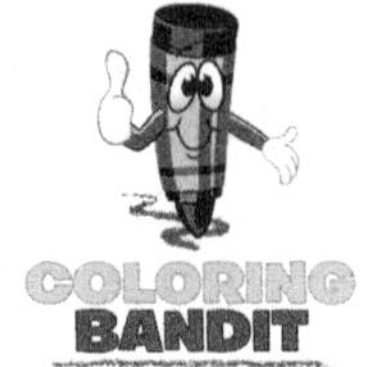

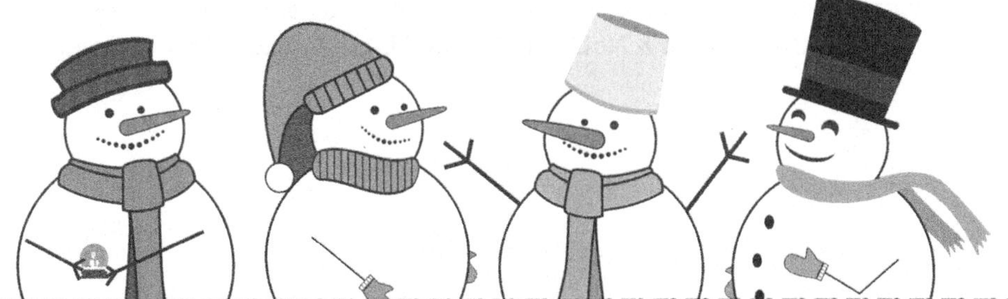

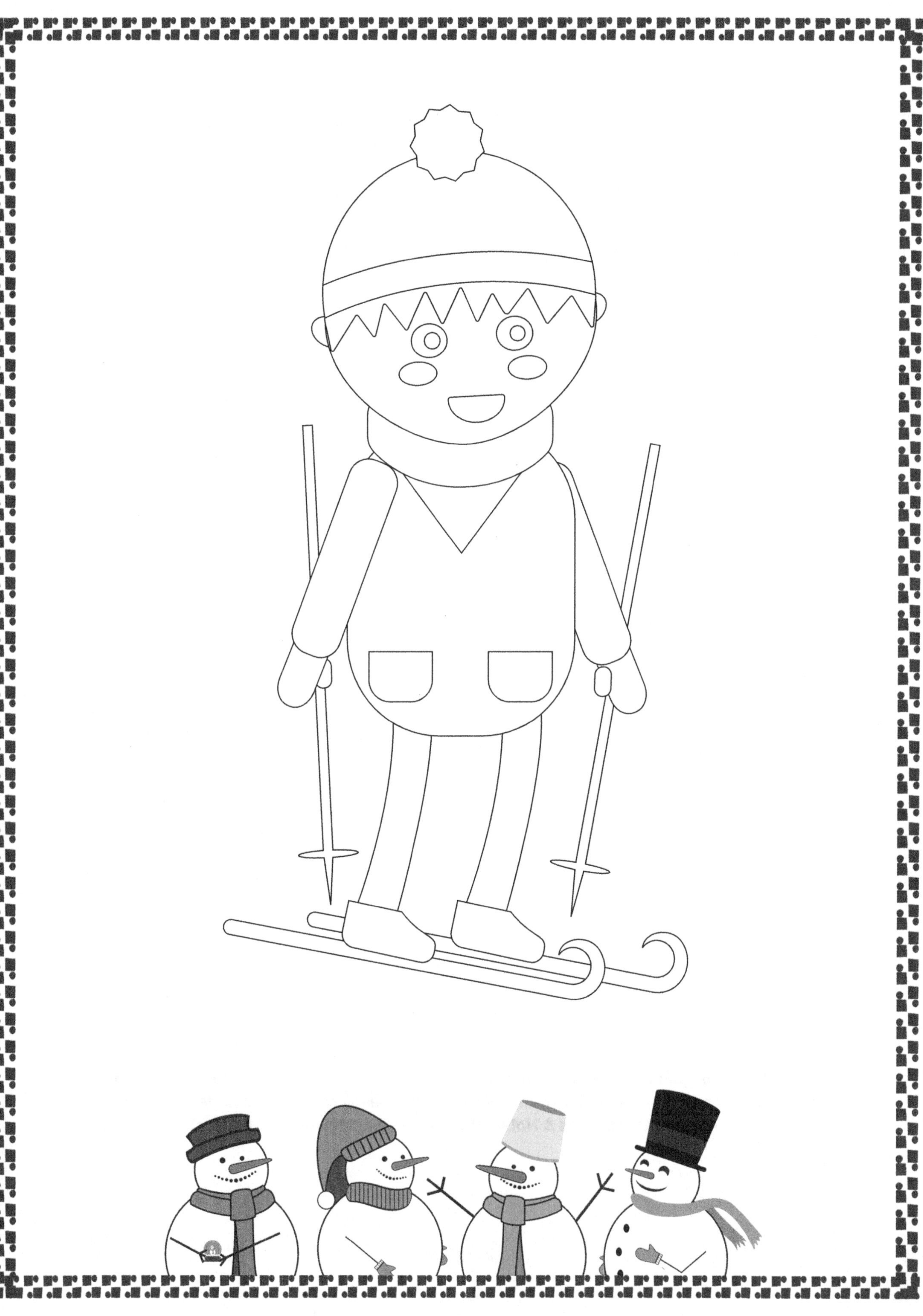

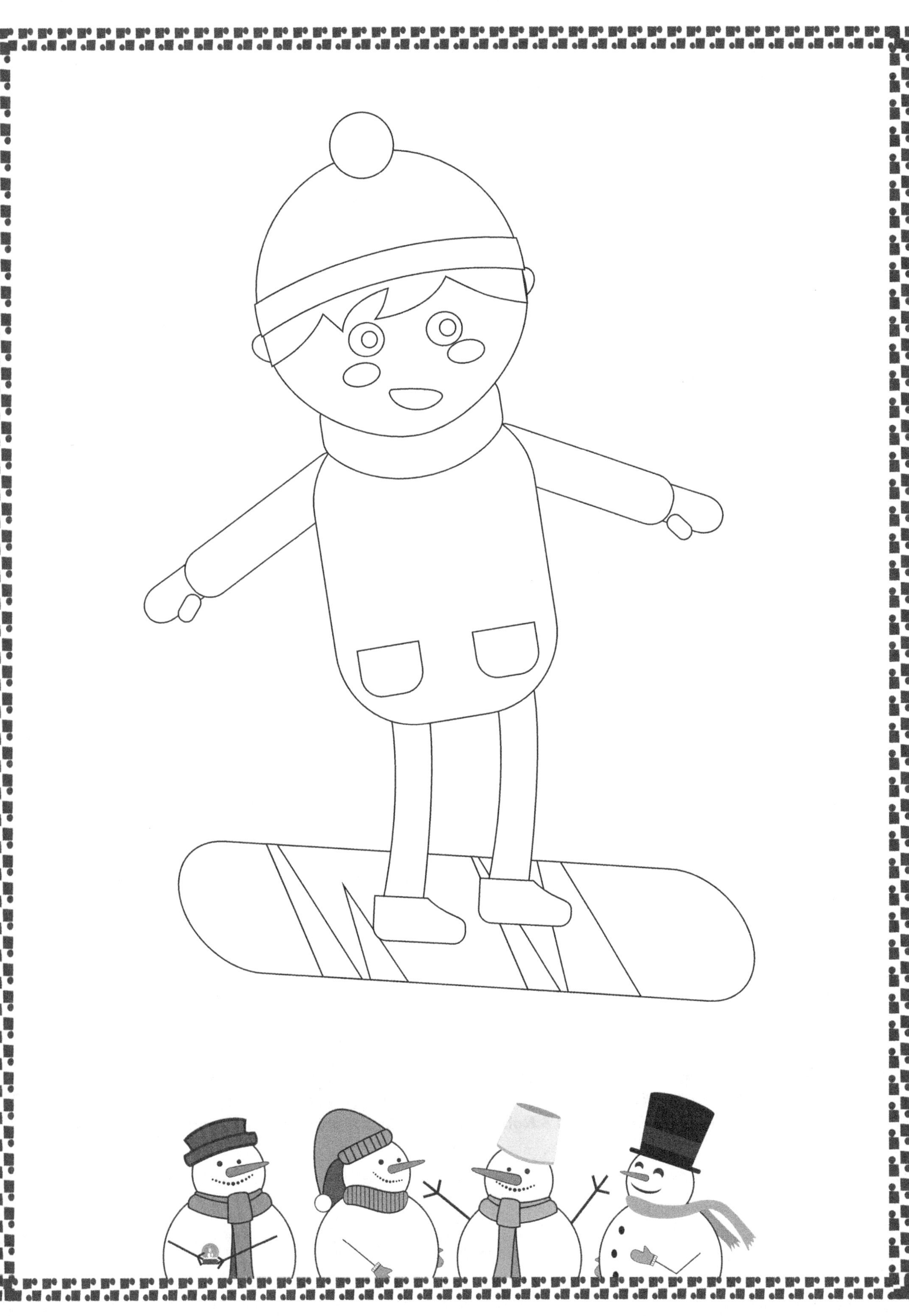

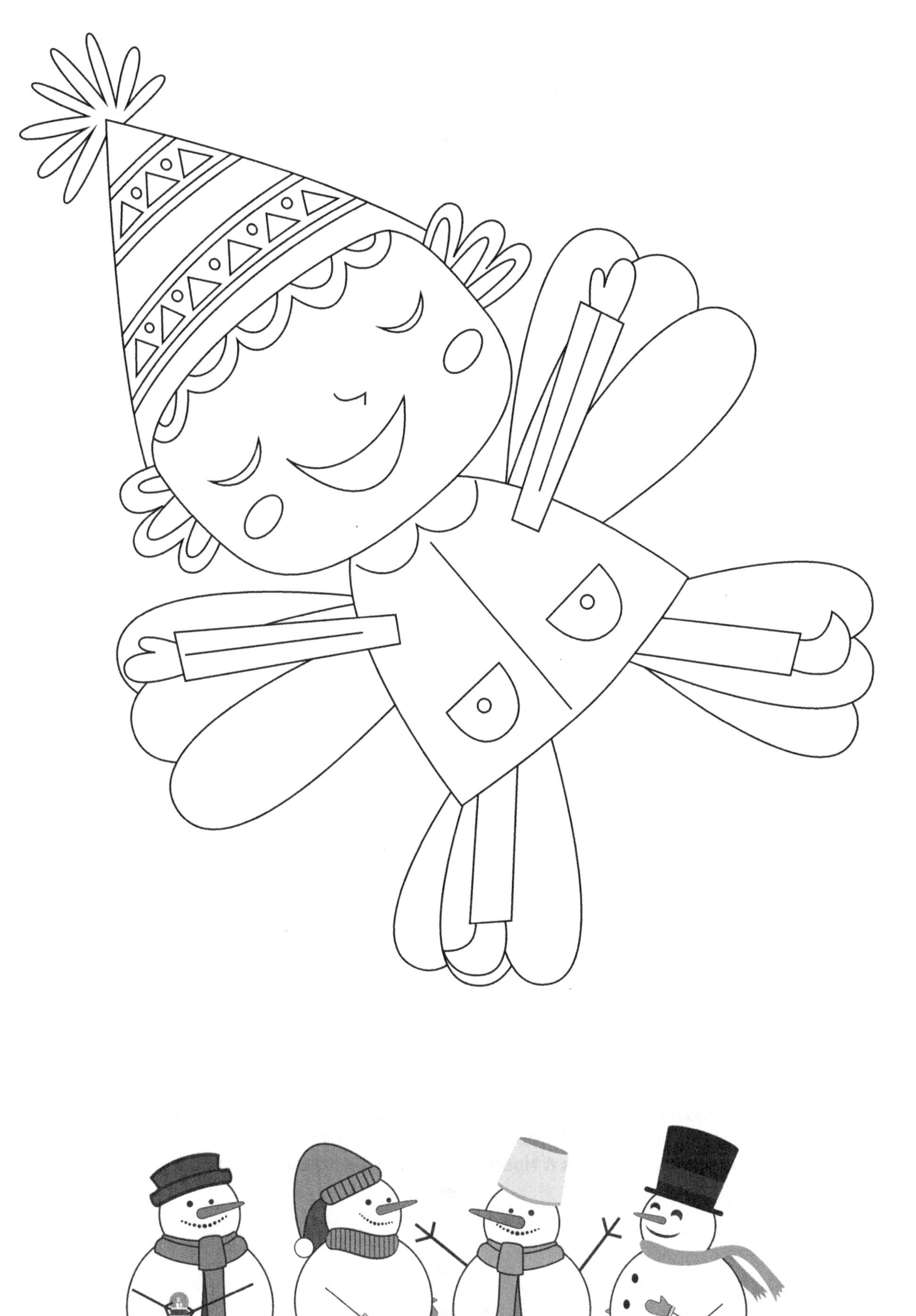

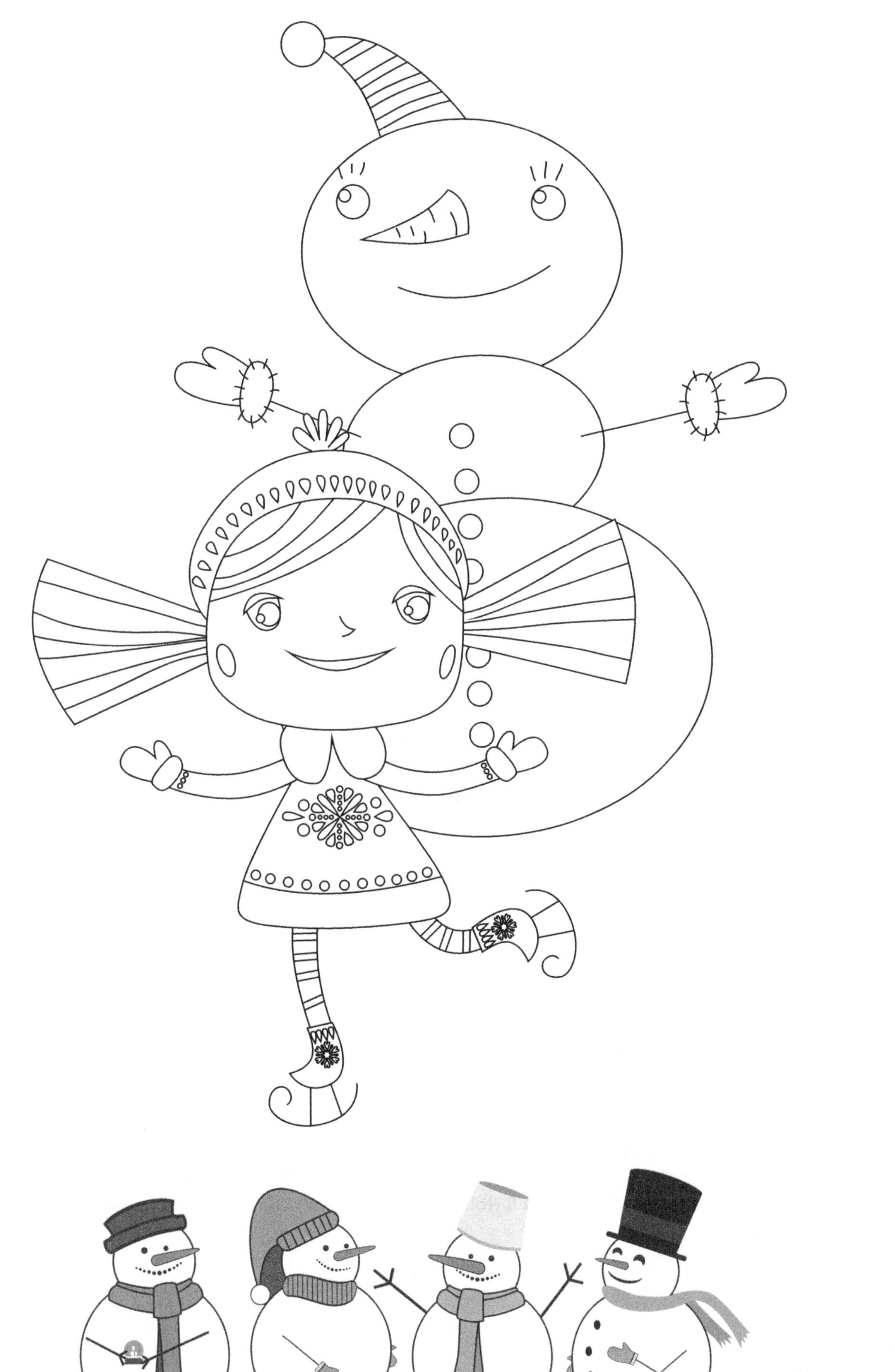

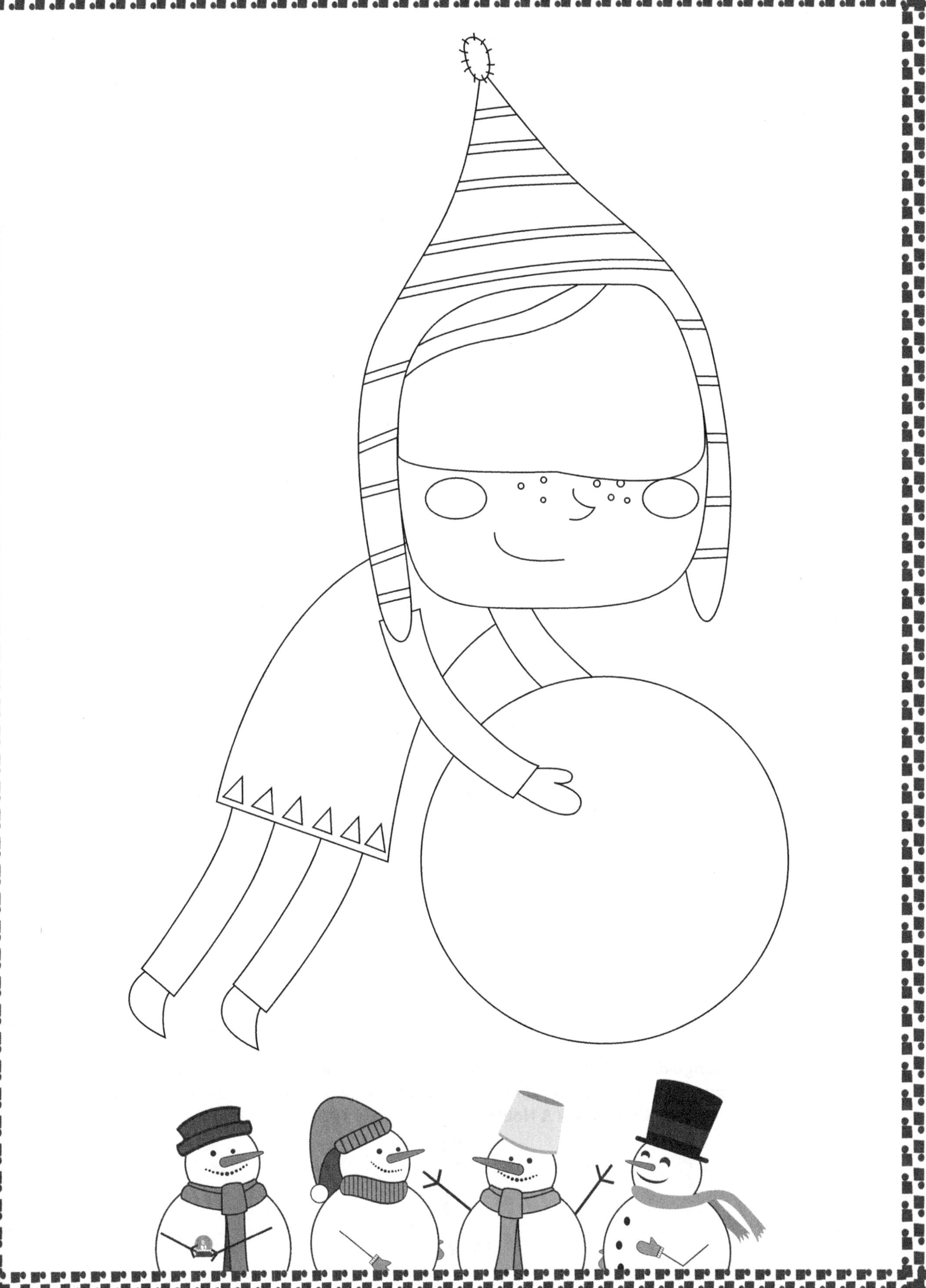

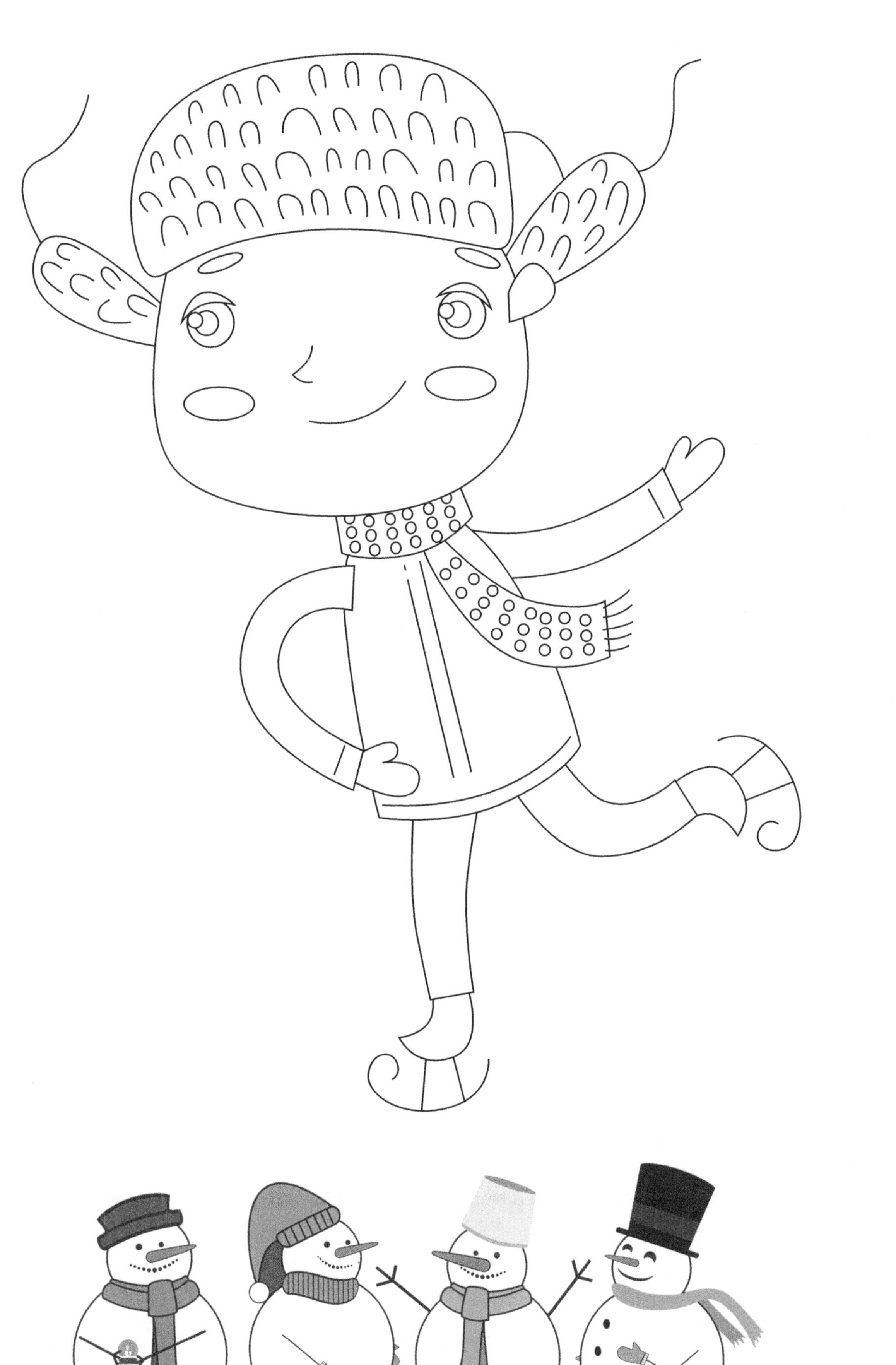

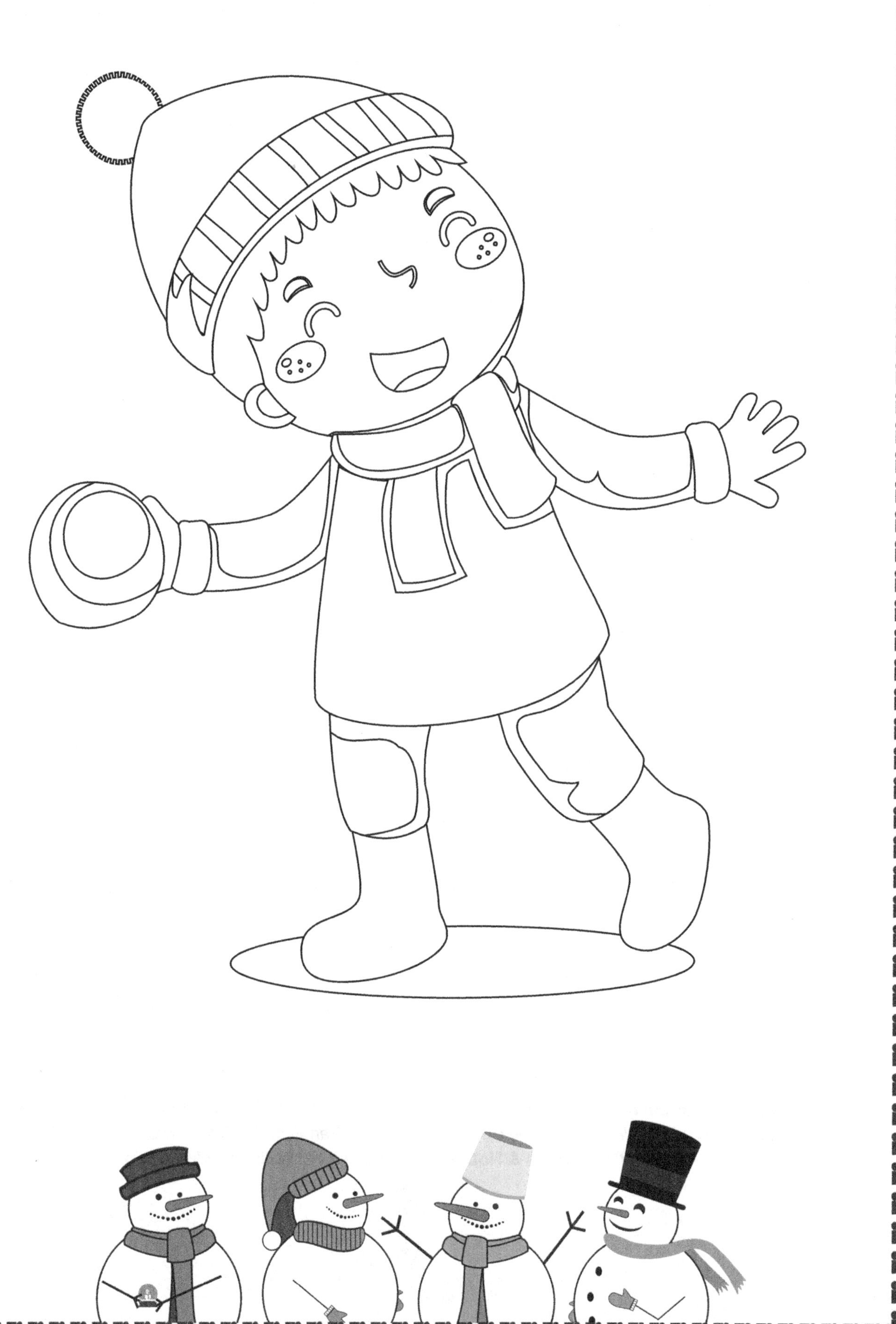

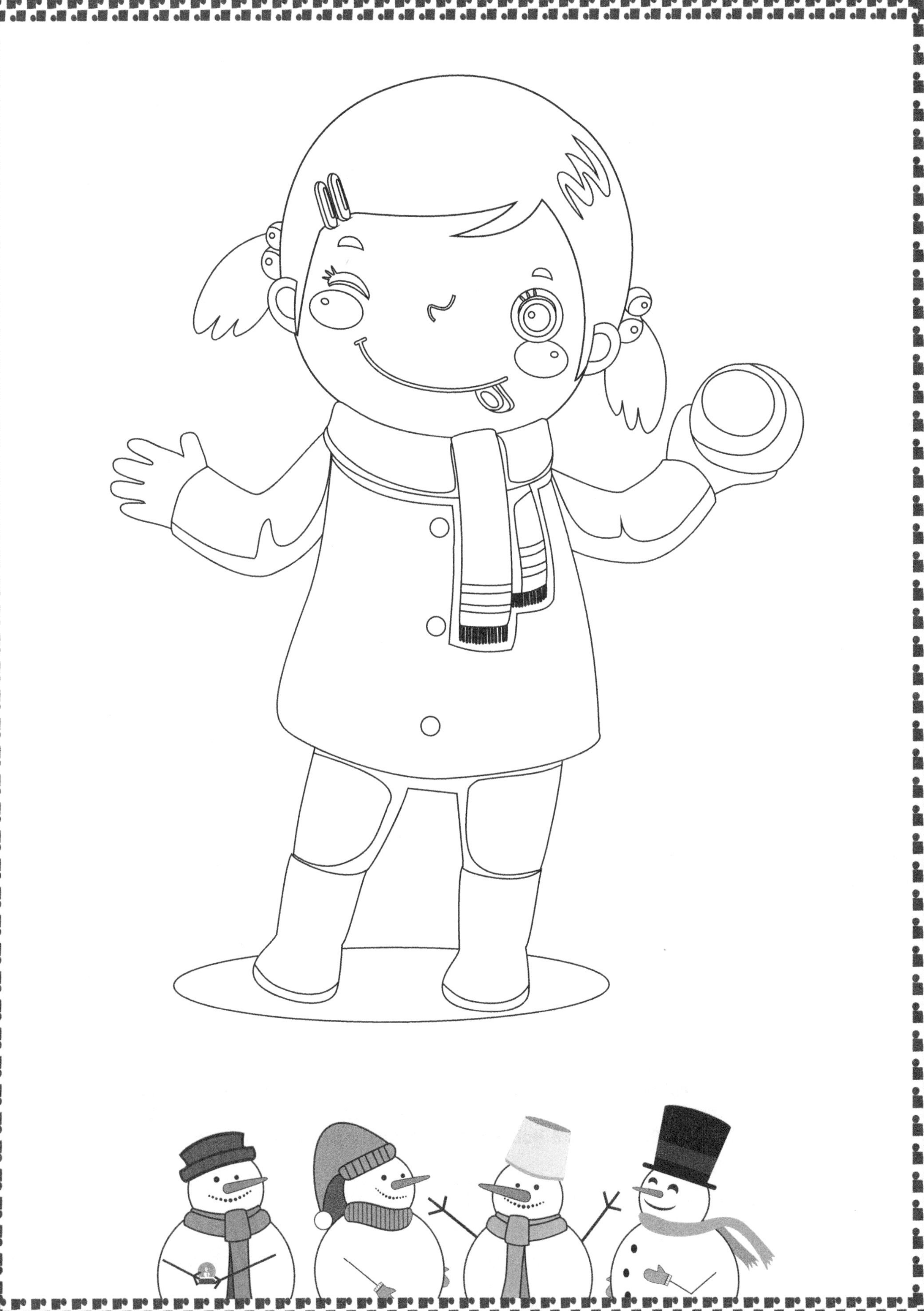

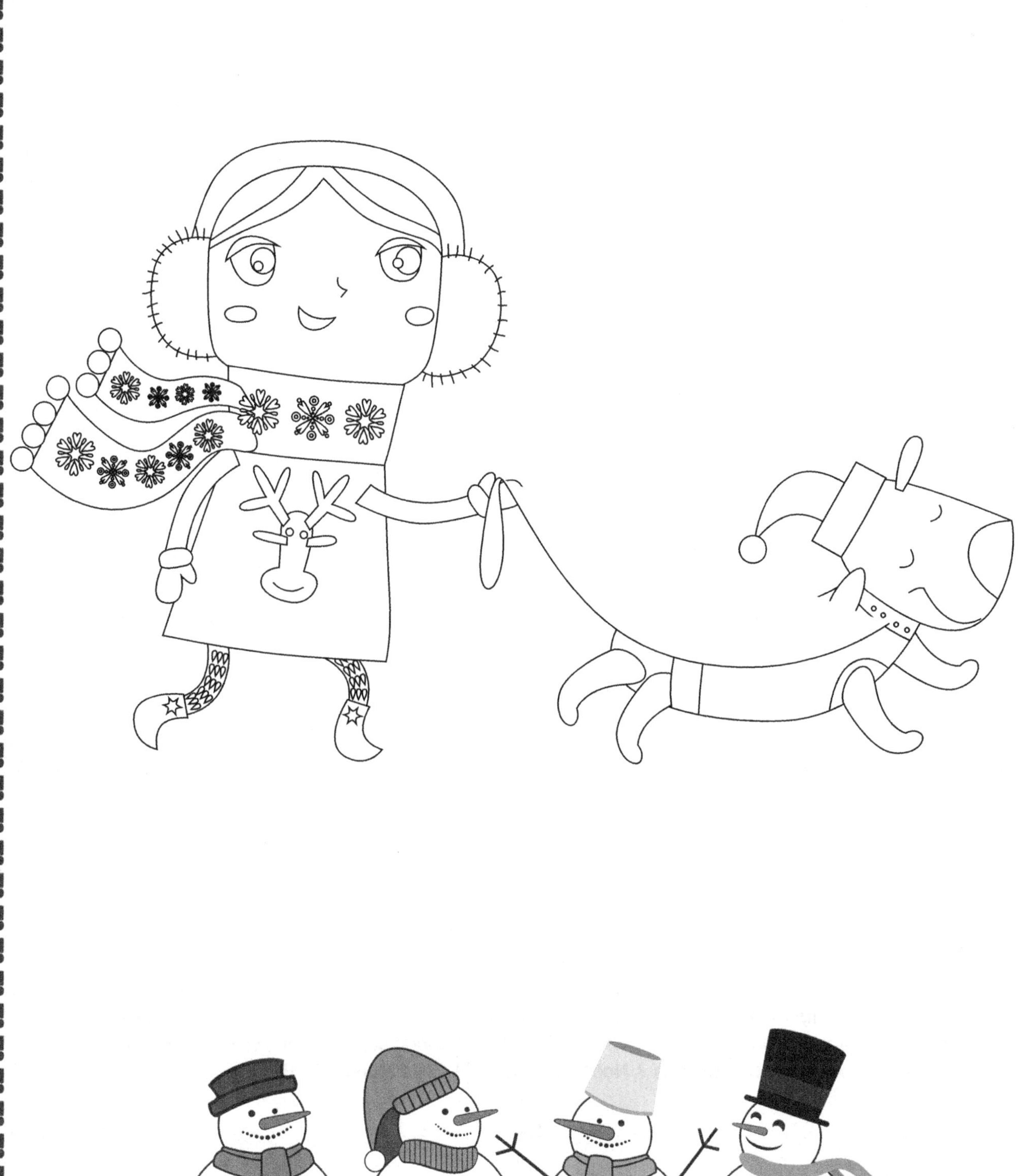

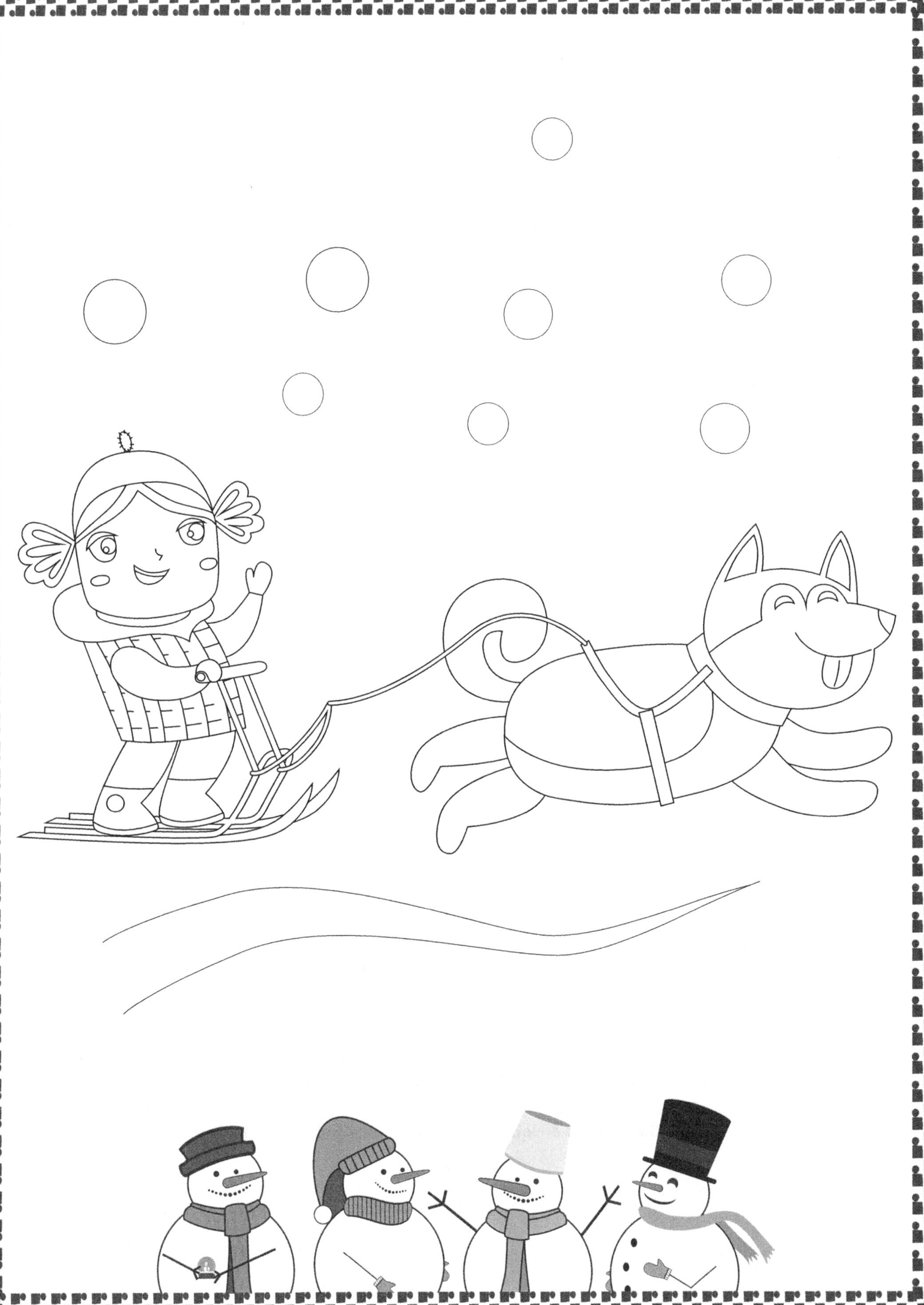

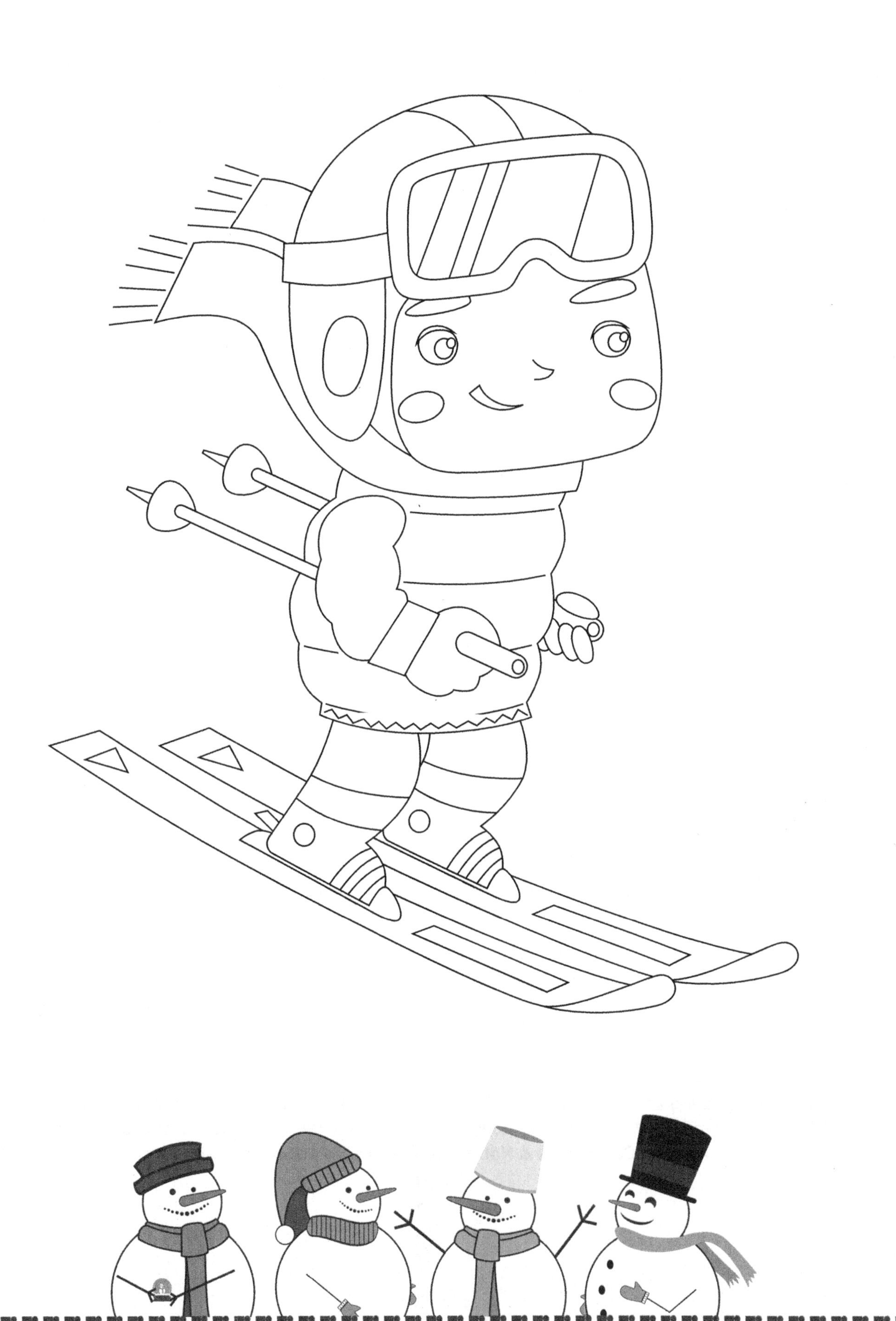

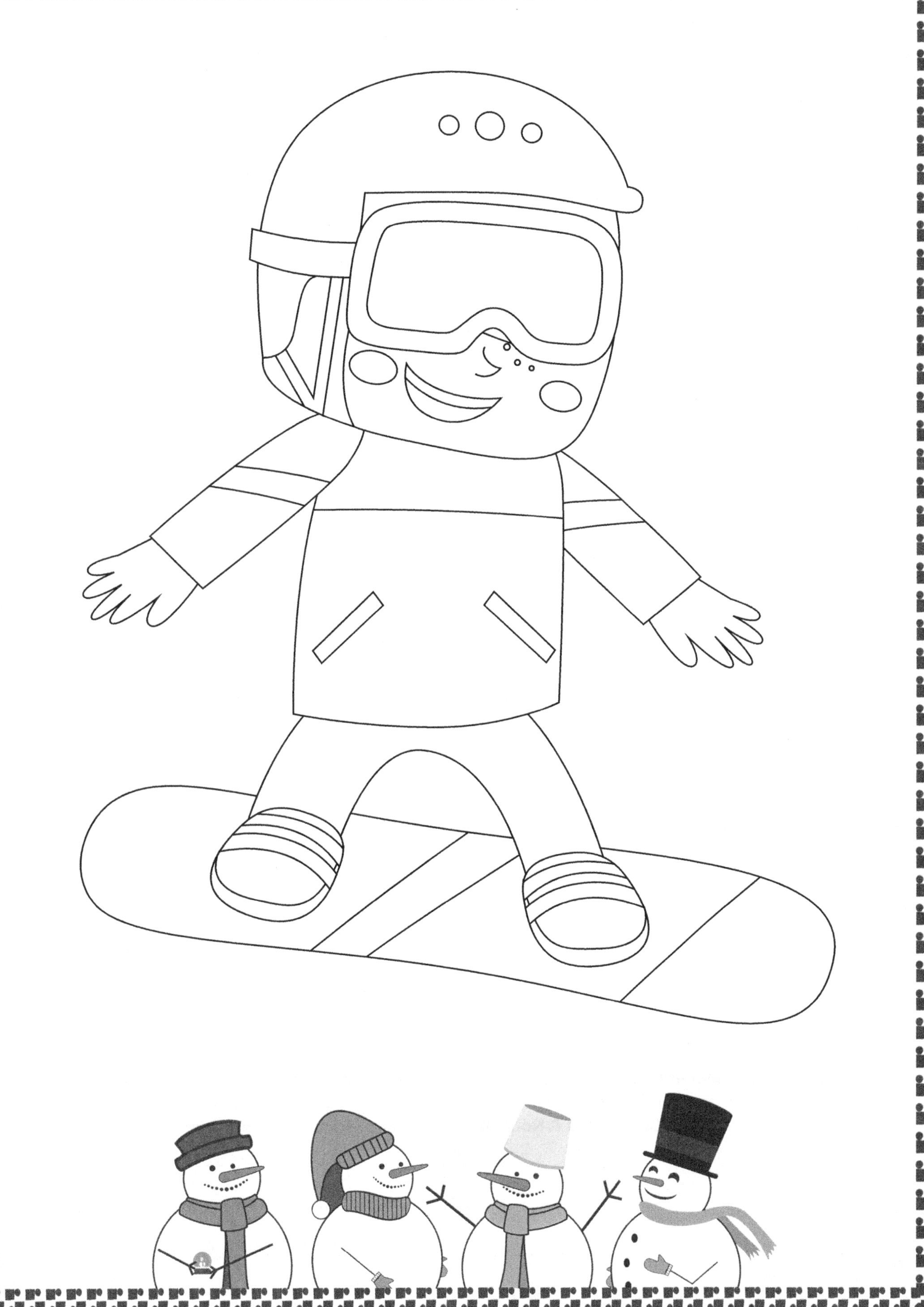

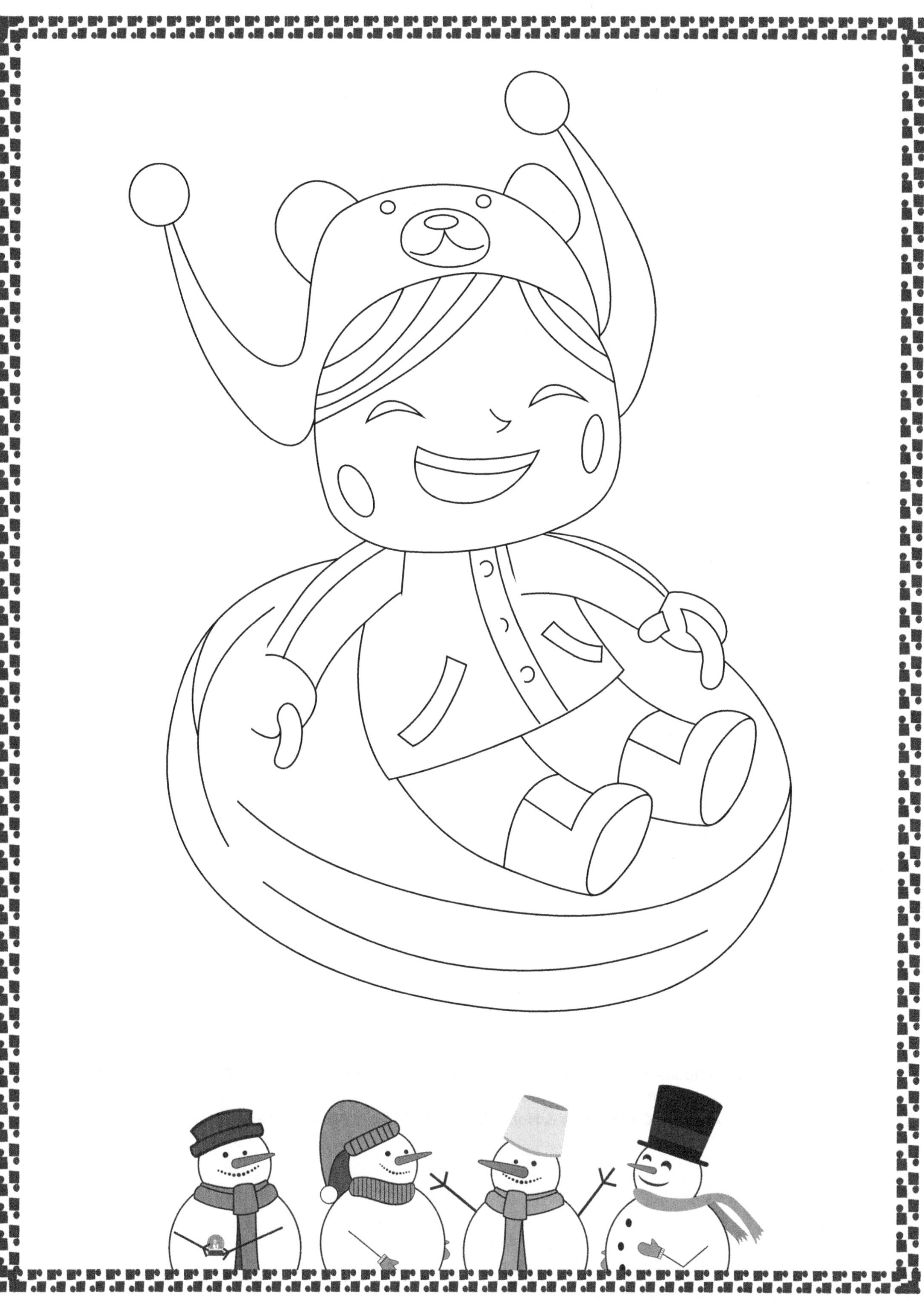

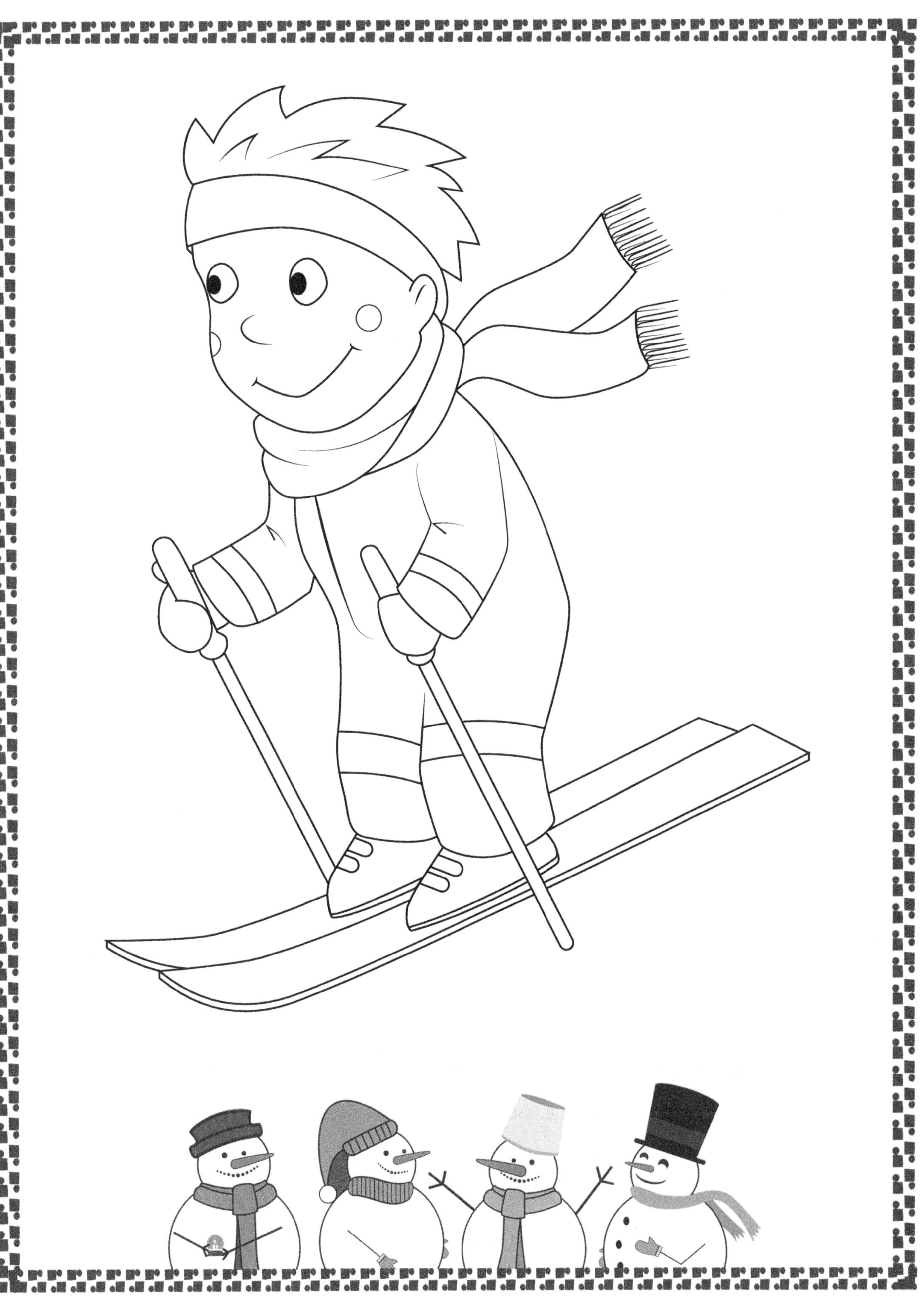

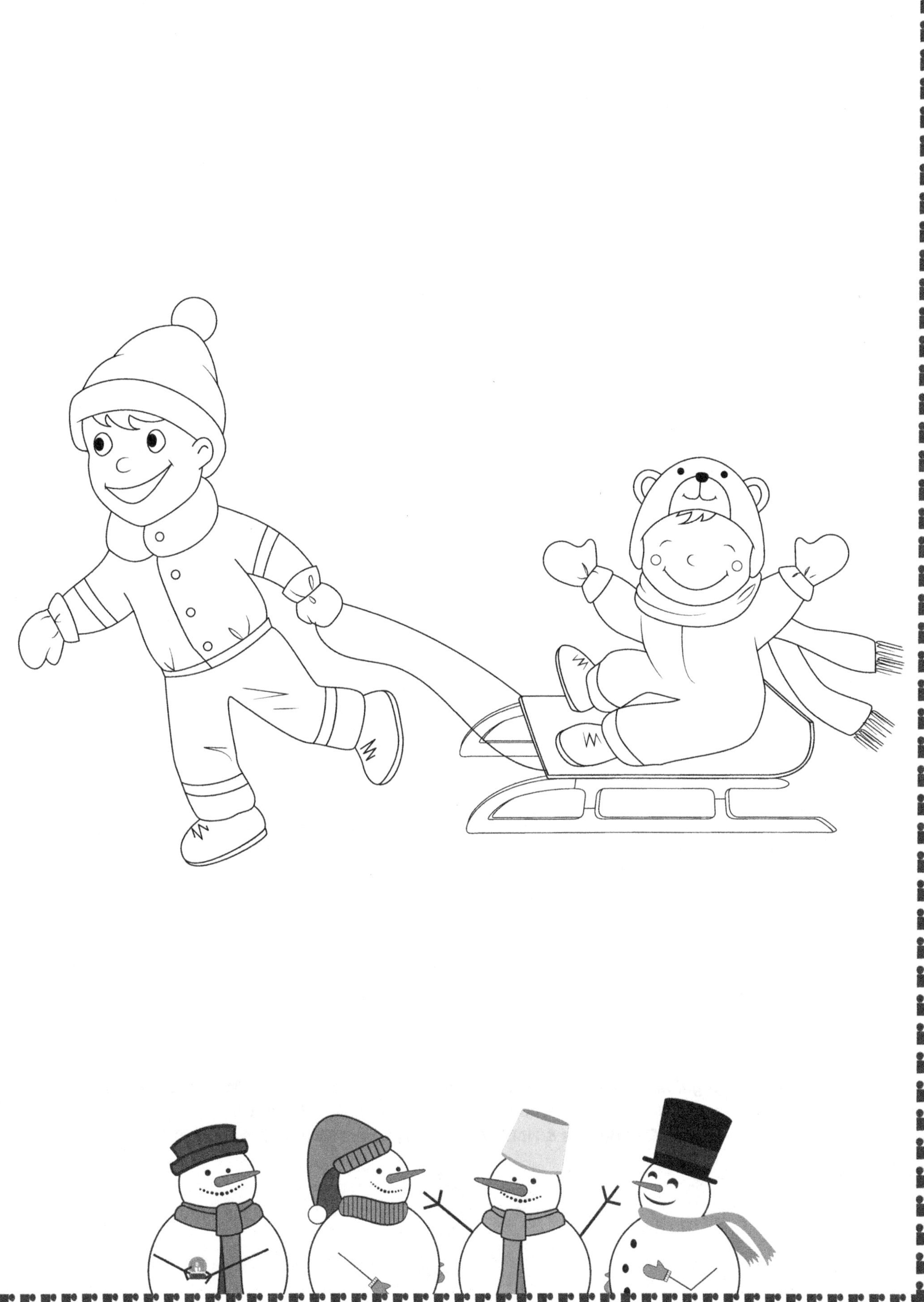

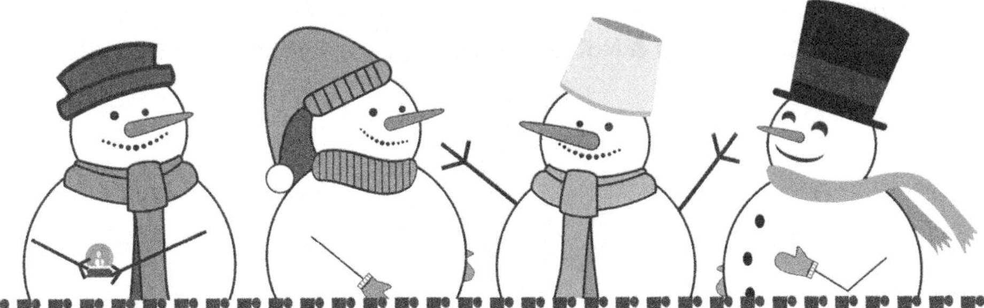

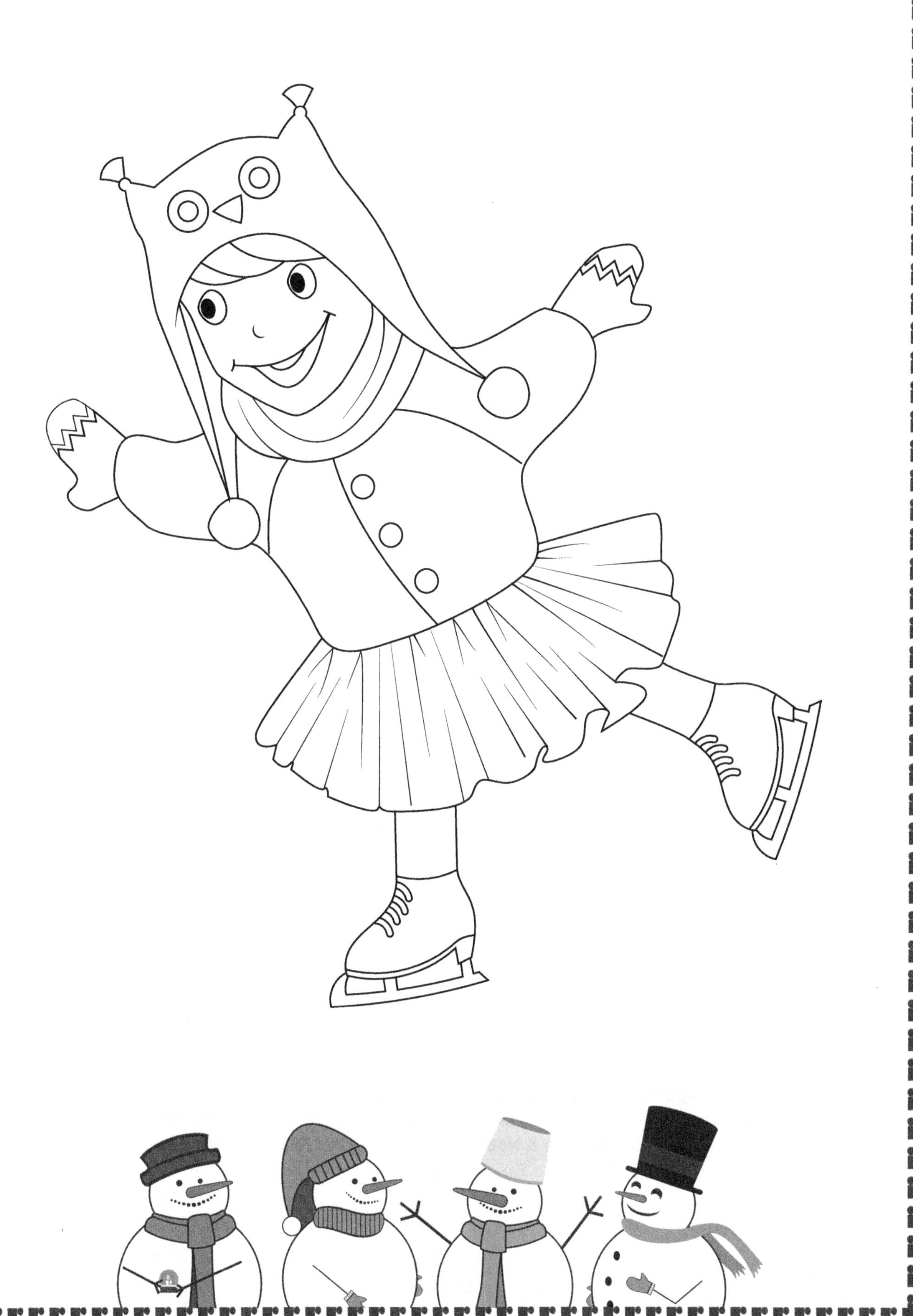

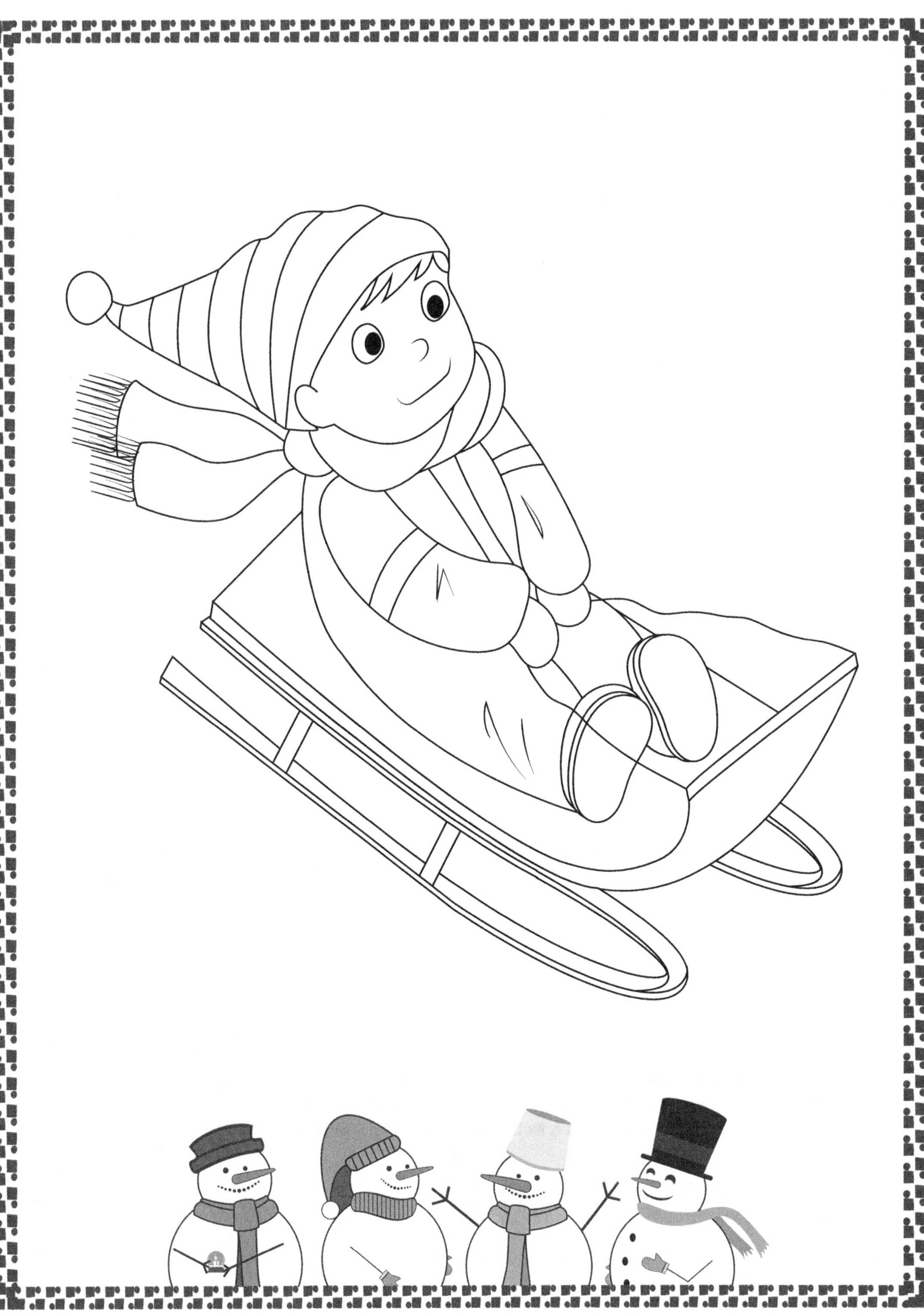

Questo è un sanguinare attraverso pagina se si utilizza un colorante indicatore o una penna!
Trovare altri grandi titoli di ricerca per disegni da Colorare Bandit su Il tuo libro preferito rivenditore
Amazon.Ca | Barnes & Noble (BN.Com) | Libri 1 Milione (BAM.Com)

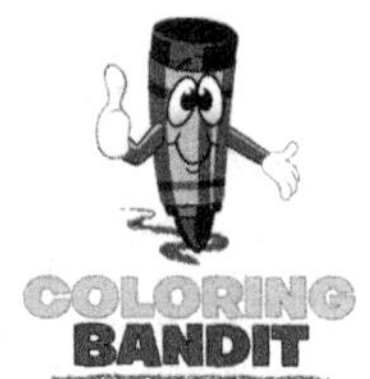

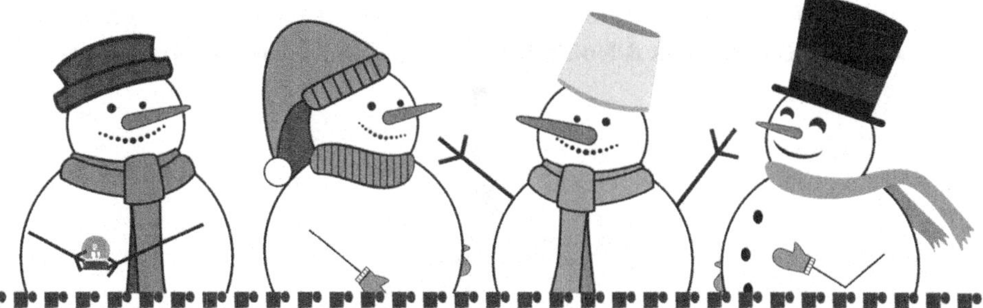

Questo è un sanguinare attraverso pagina se si utilizza un colorante indicatore o una penna!

Trovare altri grandi titoli di ricerca per disegni da Colorare Bandit su Il tuo libro preferito rivenditore

Amazon.Ca | Barnes & Noble (BN.Com) | Libri 1 Milione (BAM.Com)

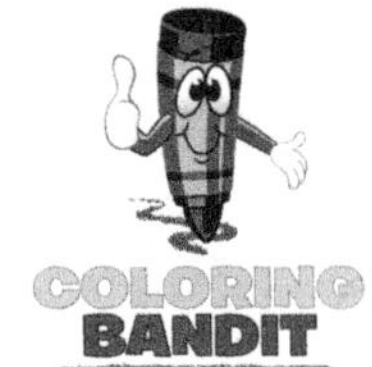

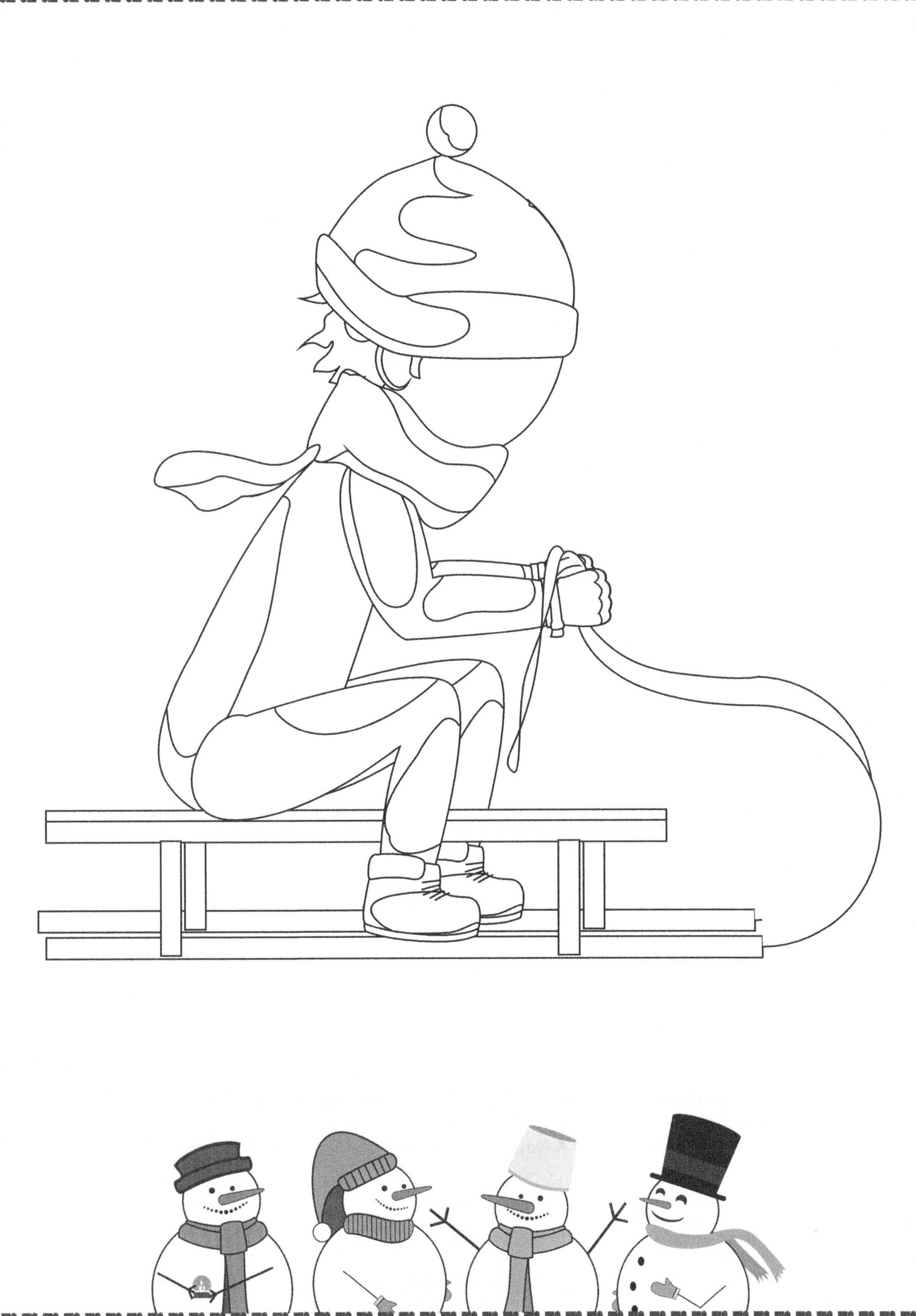

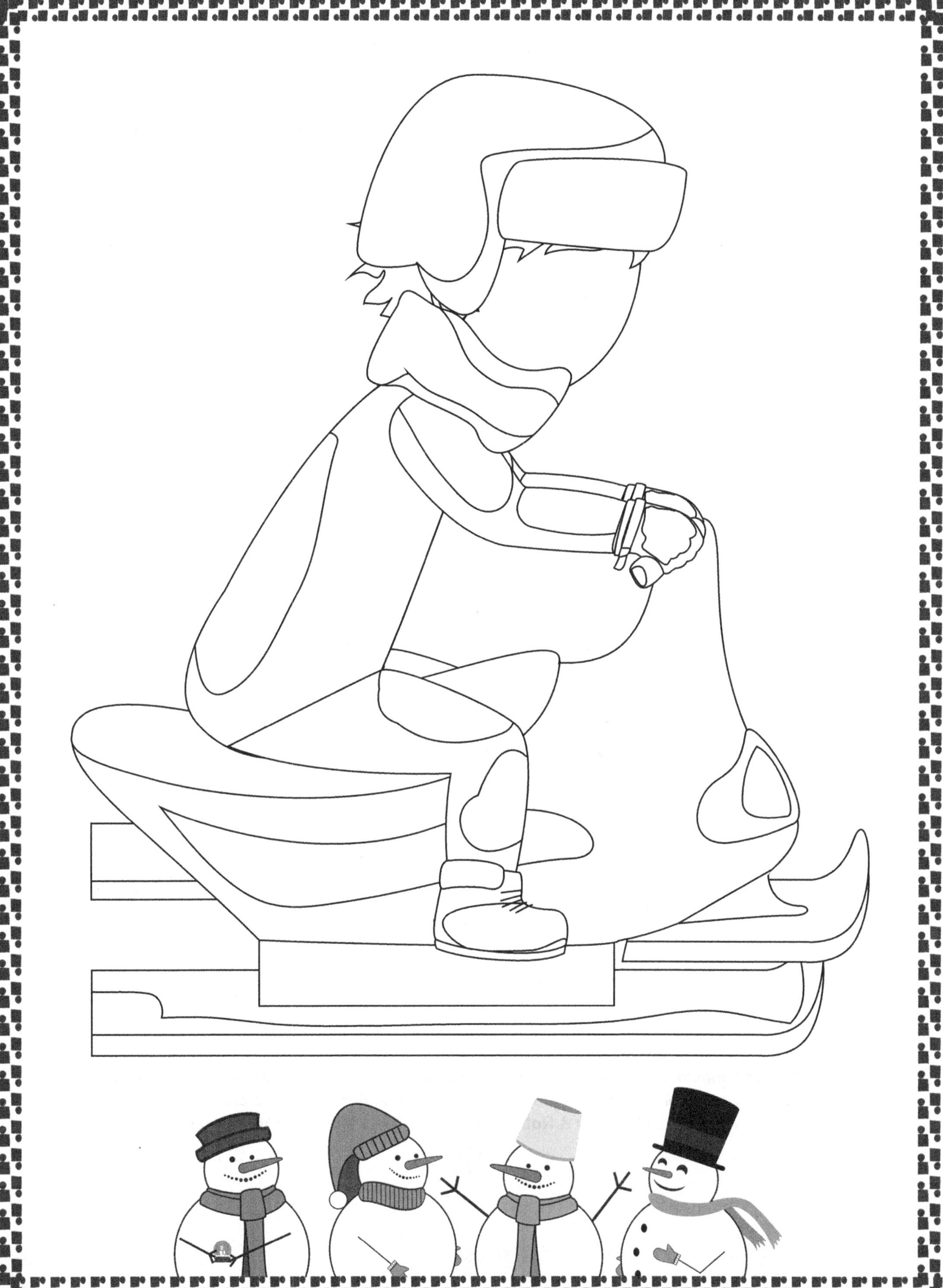

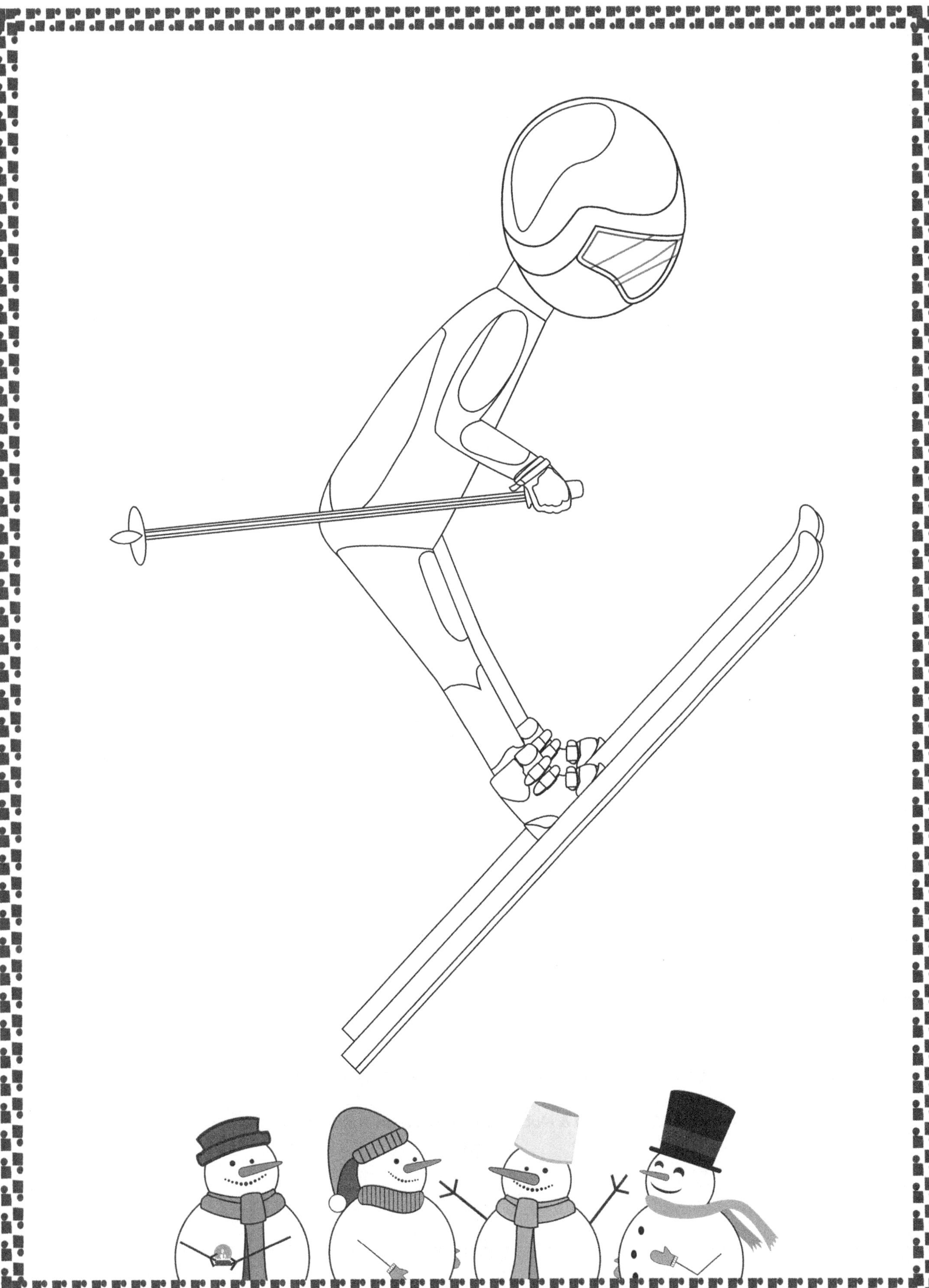

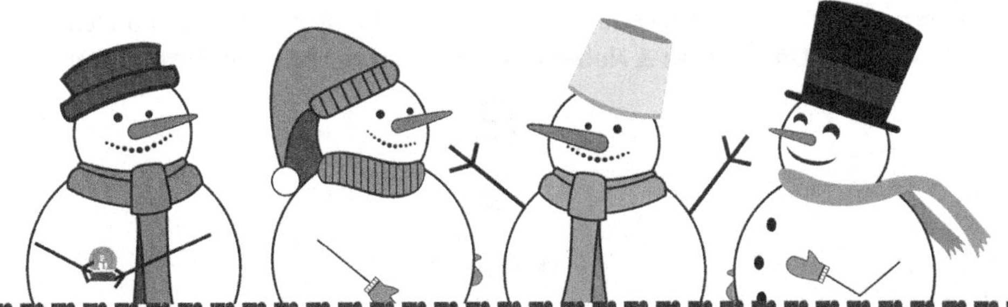

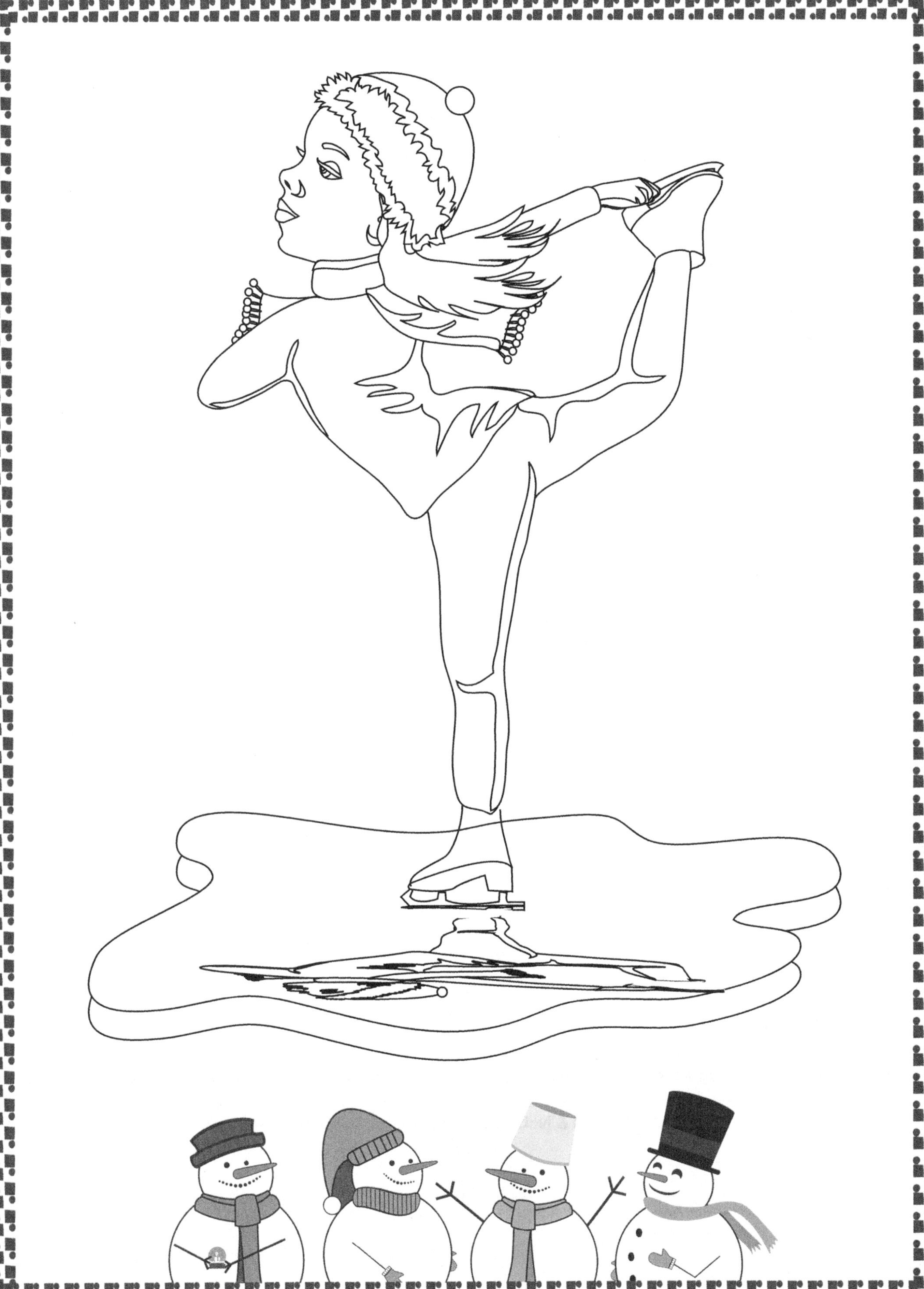

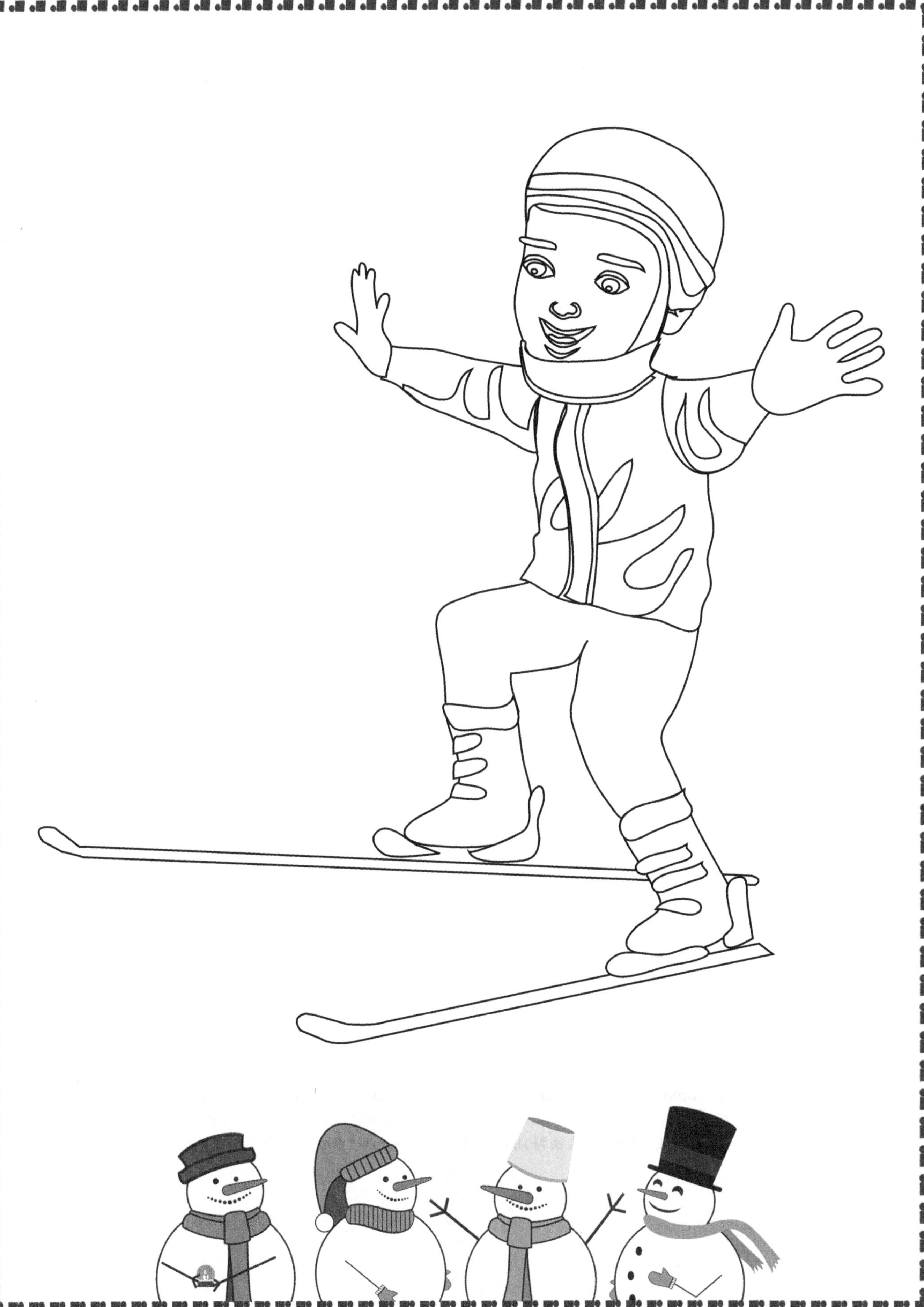

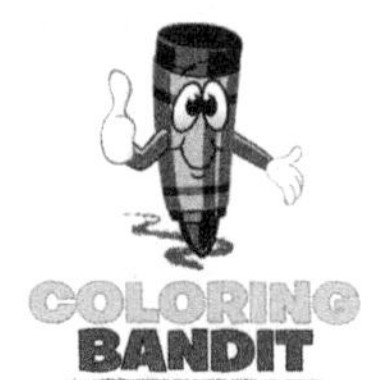

Questo è un sanguinare attraverso pagina se si utilizza un colorante indicatore o una penna!
Trovare altri grandi titoli di ricerca per disegni da Colorare Bandit su Il tuo libro preferito rivenditore
Amazon.Ca | Barnes & Noble (BN.Com) | Libri 1 Milione (BAM.Com)

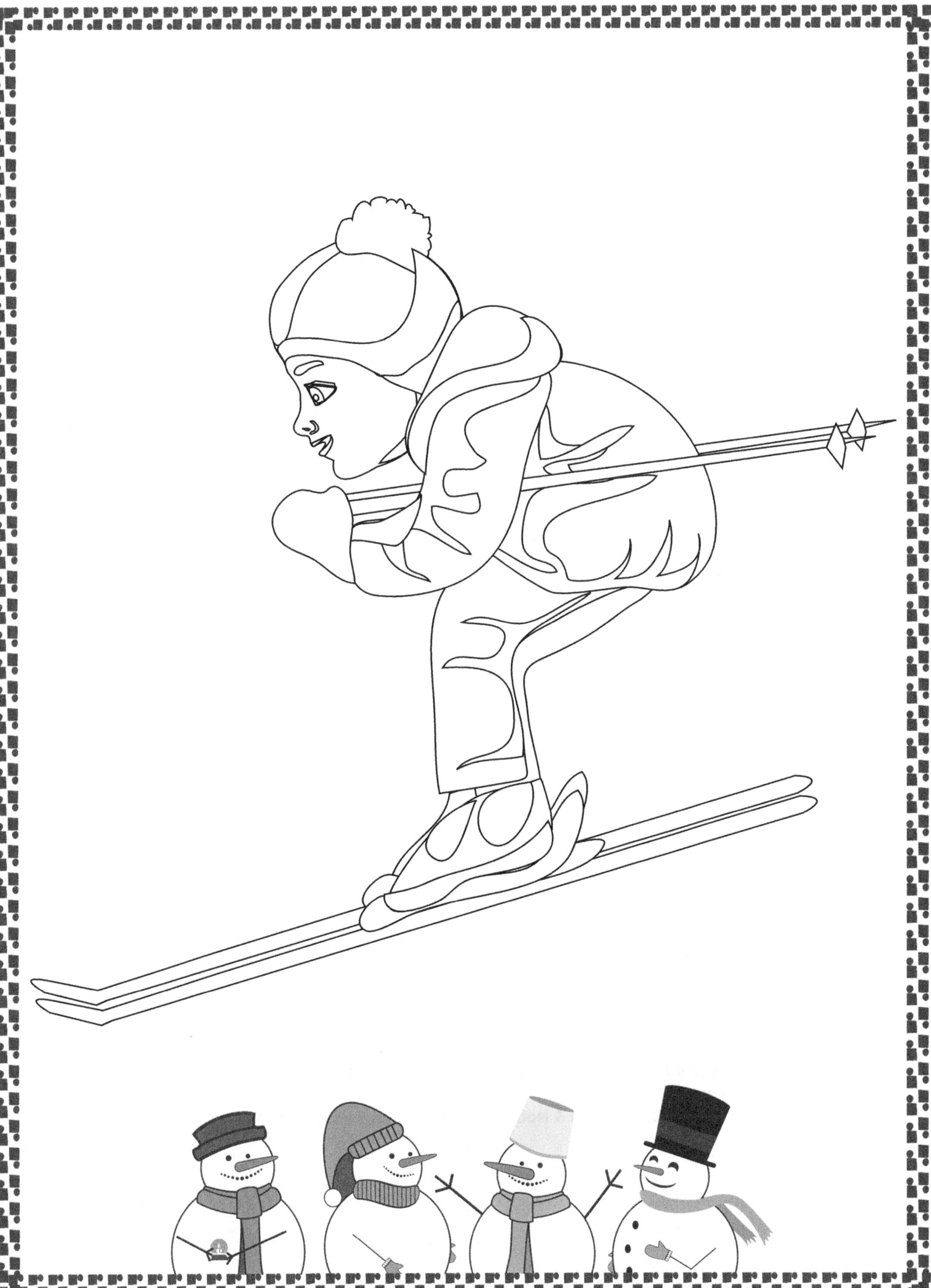

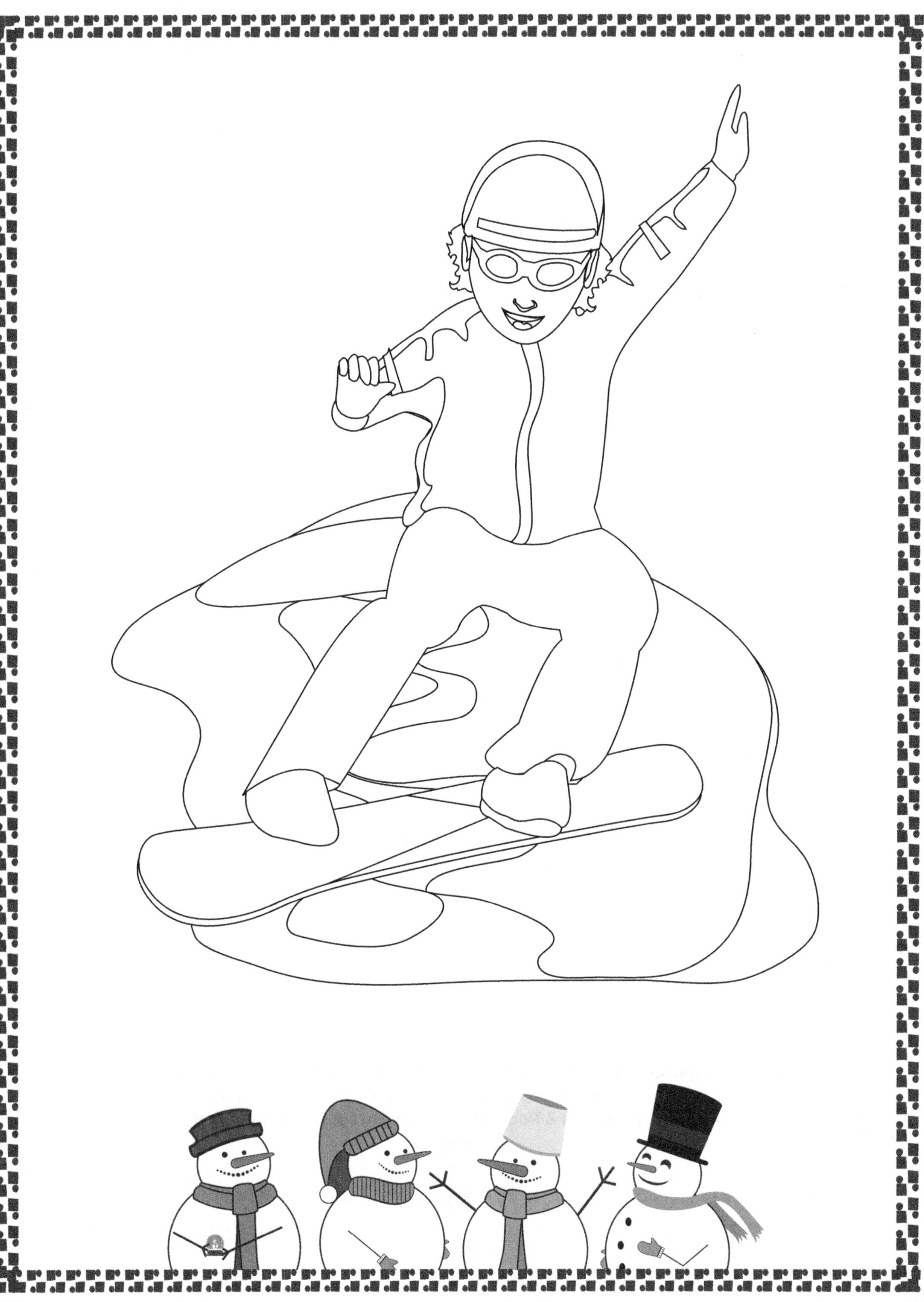

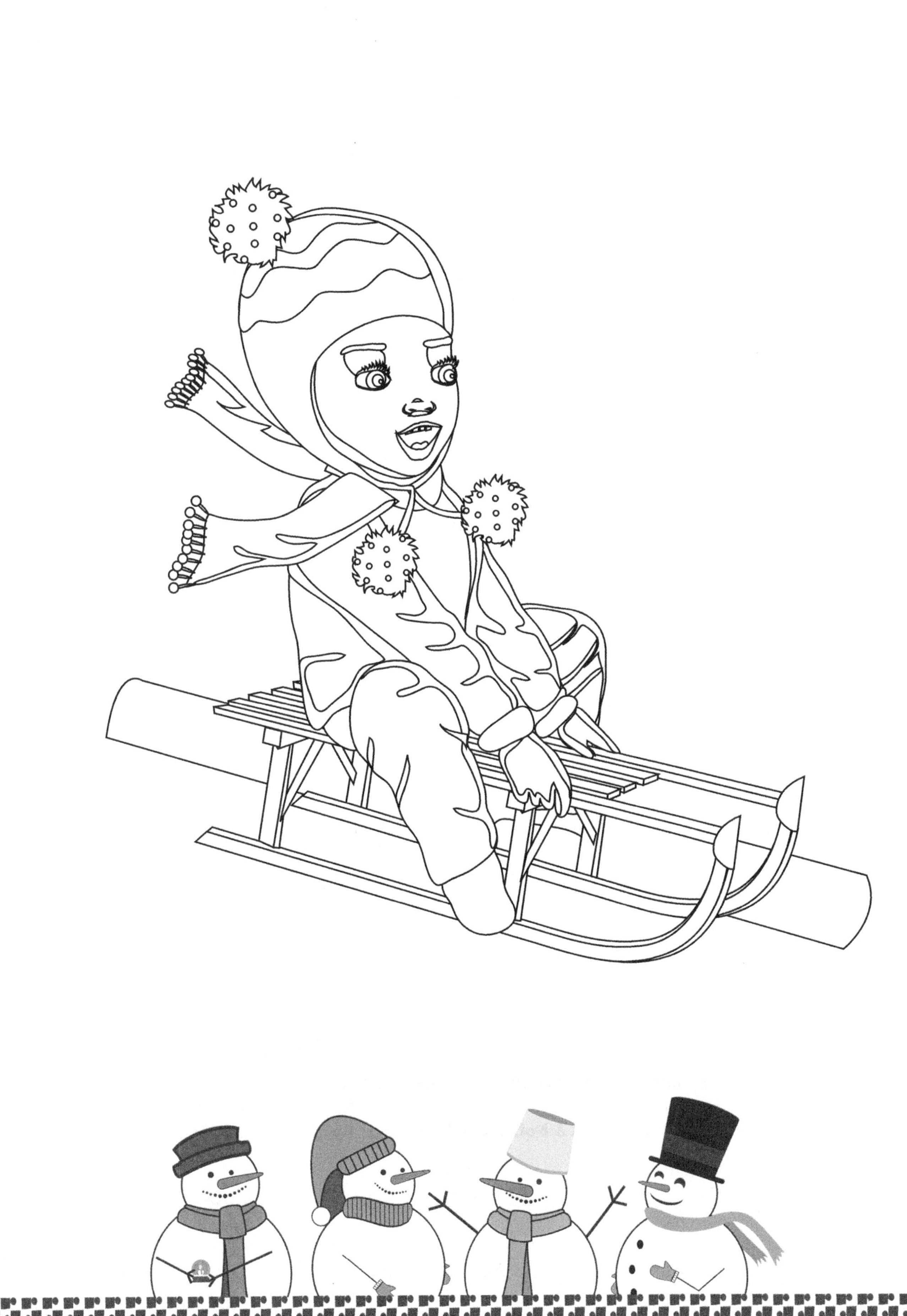

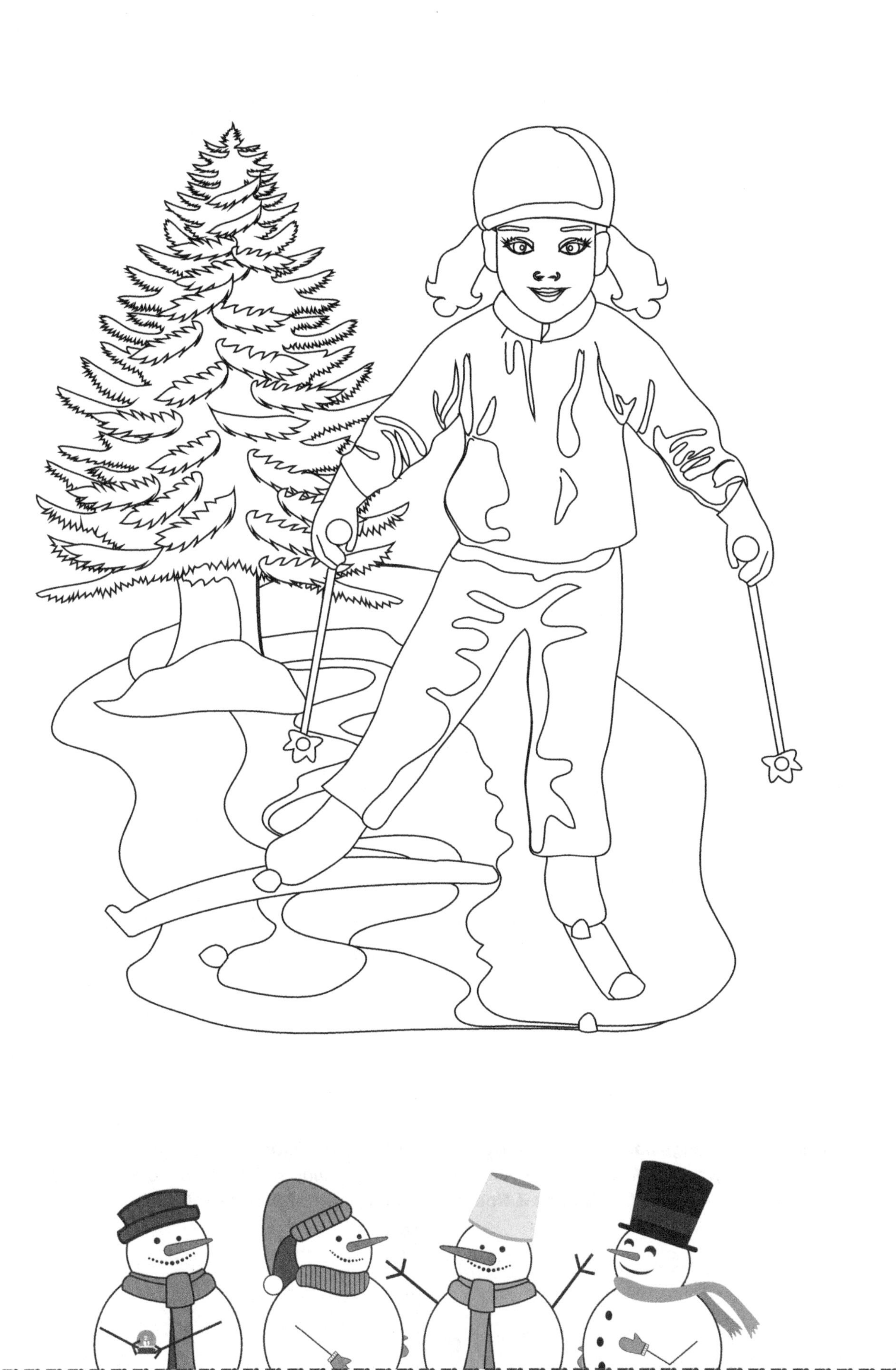

Questo è un sanguinare attraverso pagina se si utilizza un colorante indicatore o una penna!
Trovare altri grandi titoli di ricerca per disegni da Colorare Bandit su Il tuo libro preferito rivenditore
Amazon.Ca | Barnes & Noble (BN.Com) | Libri 1 Milione (BAM.Com)

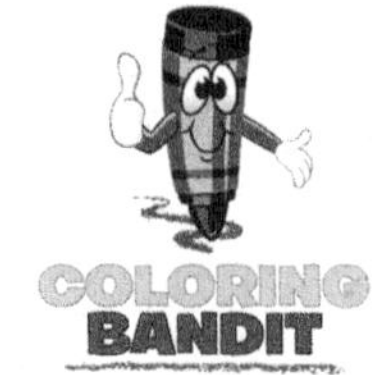

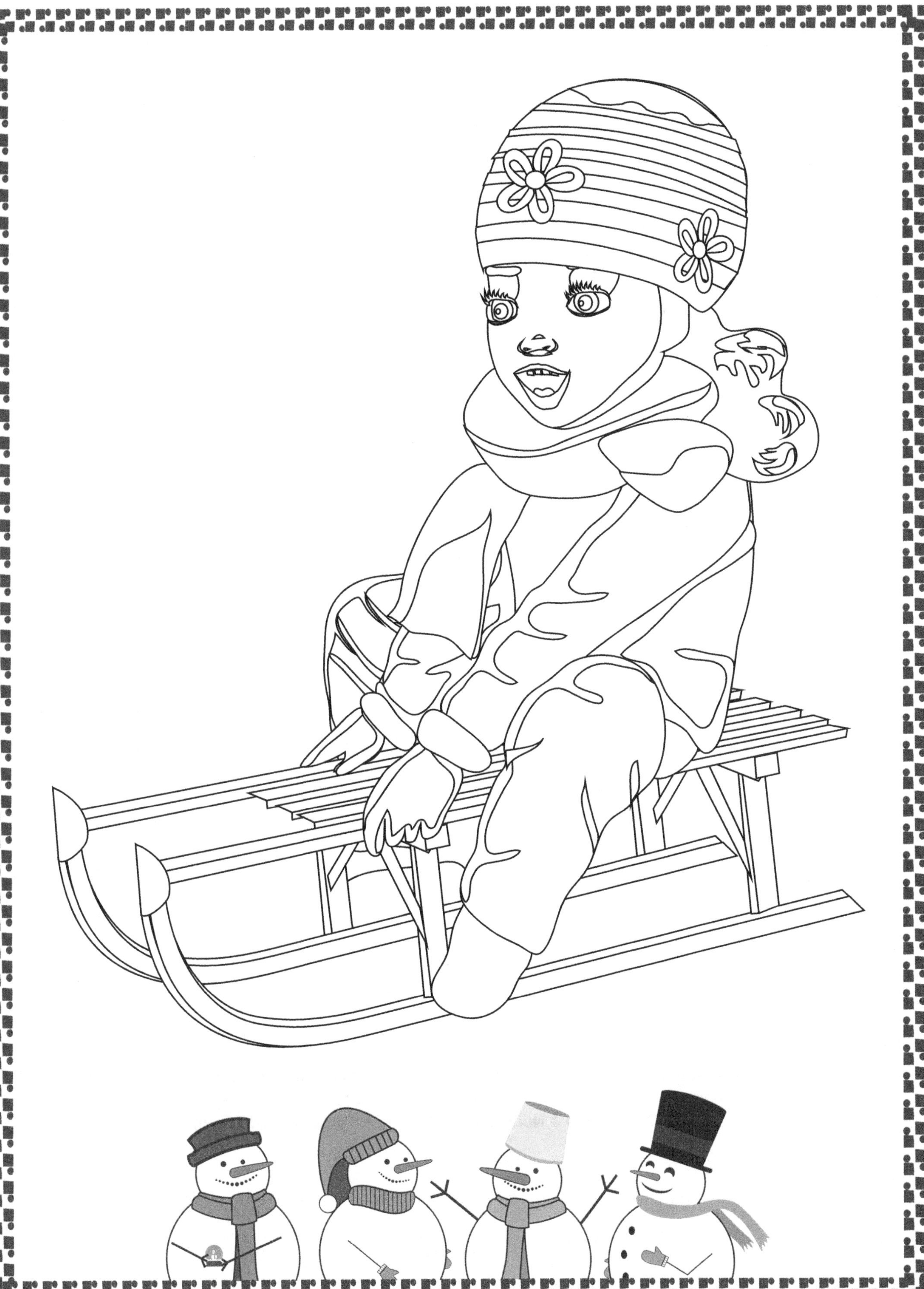

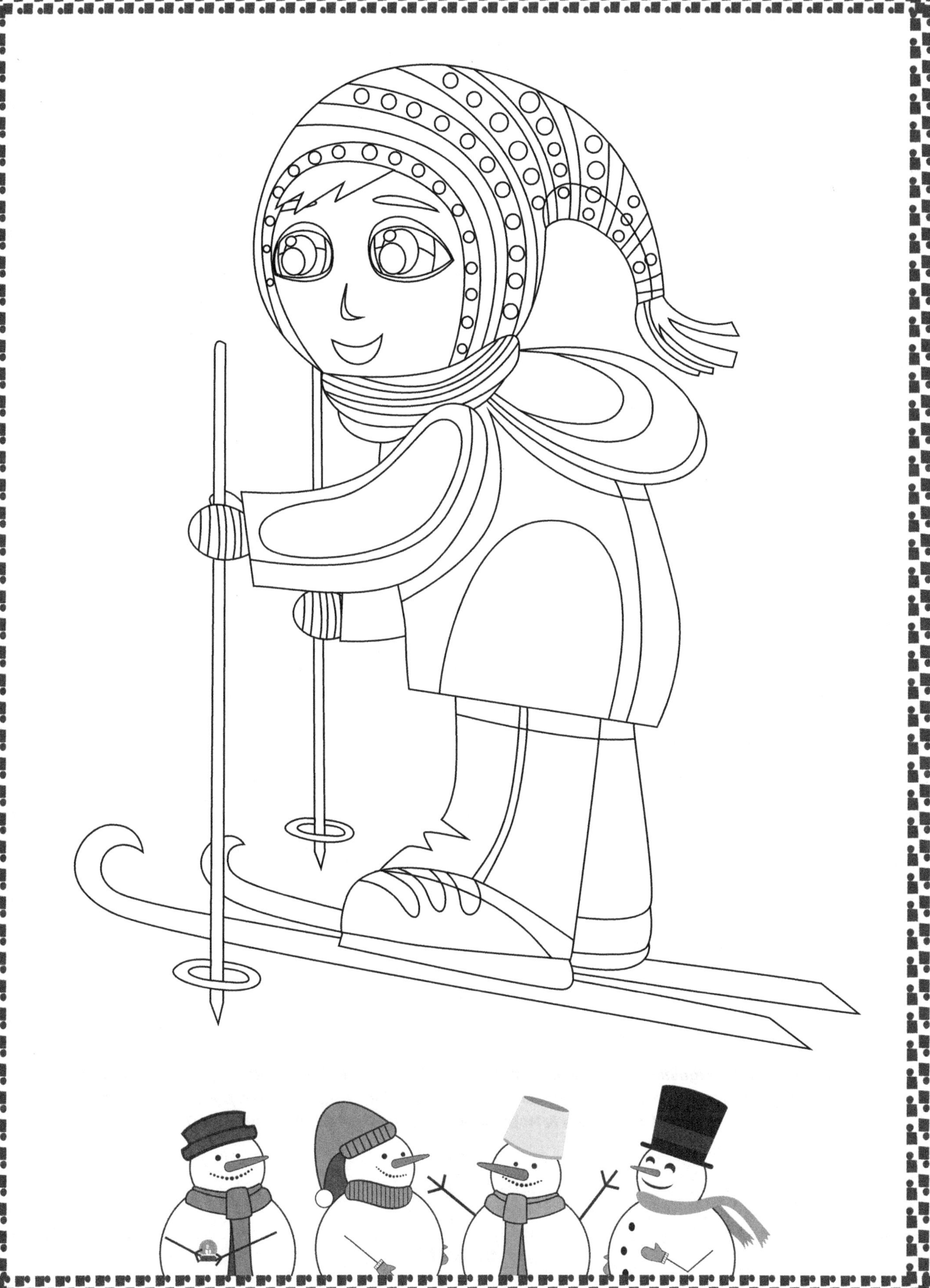

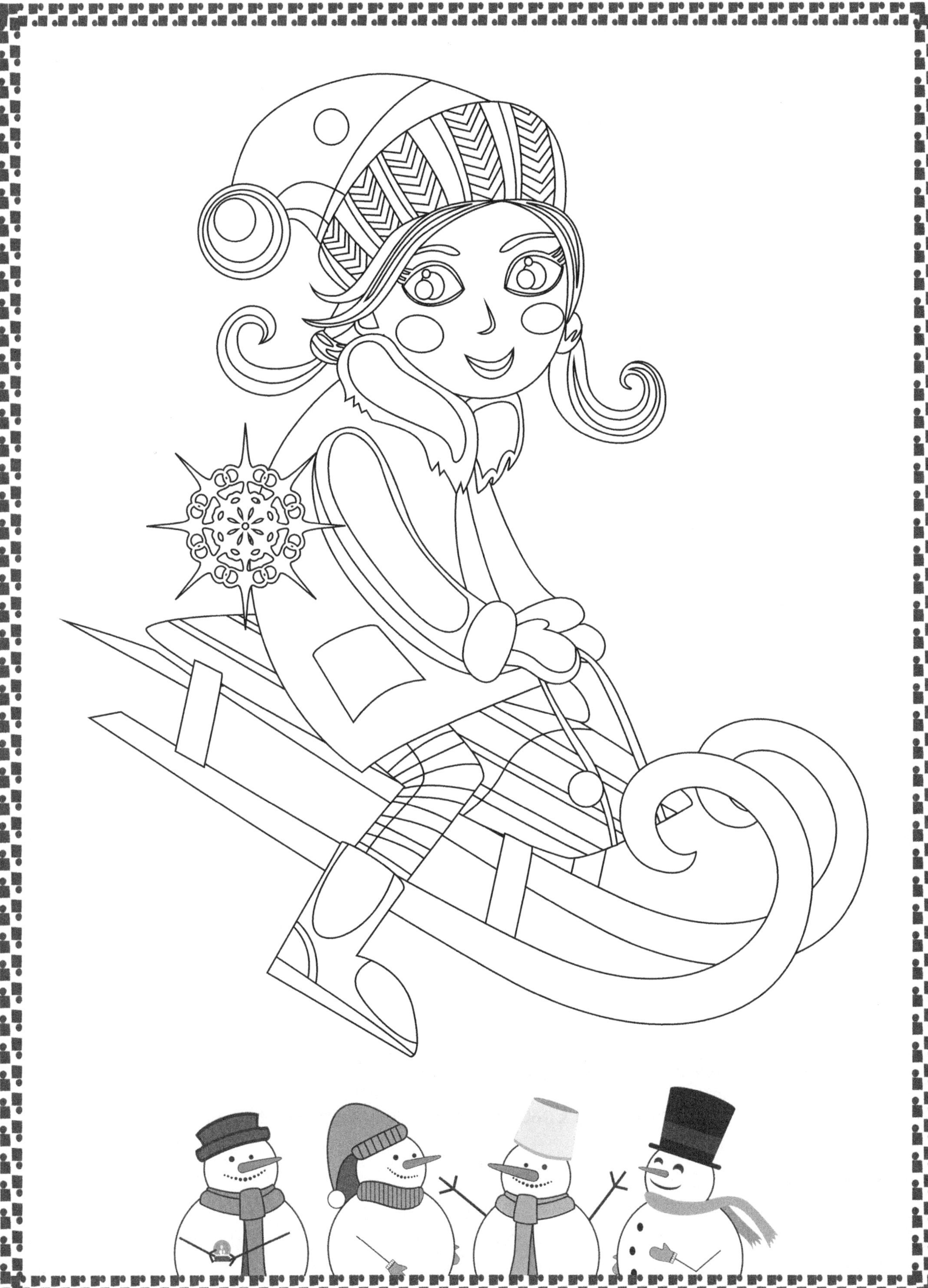

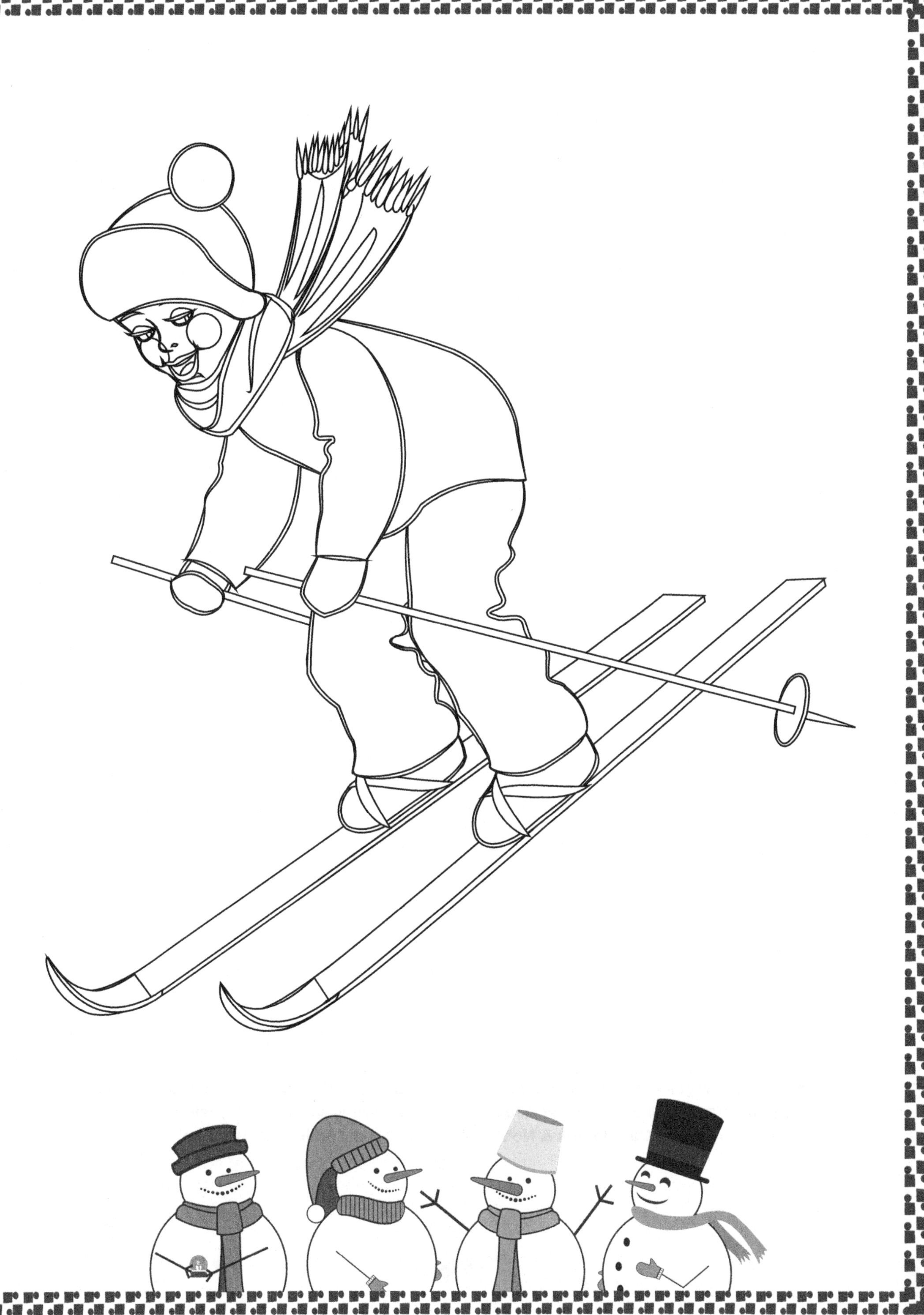

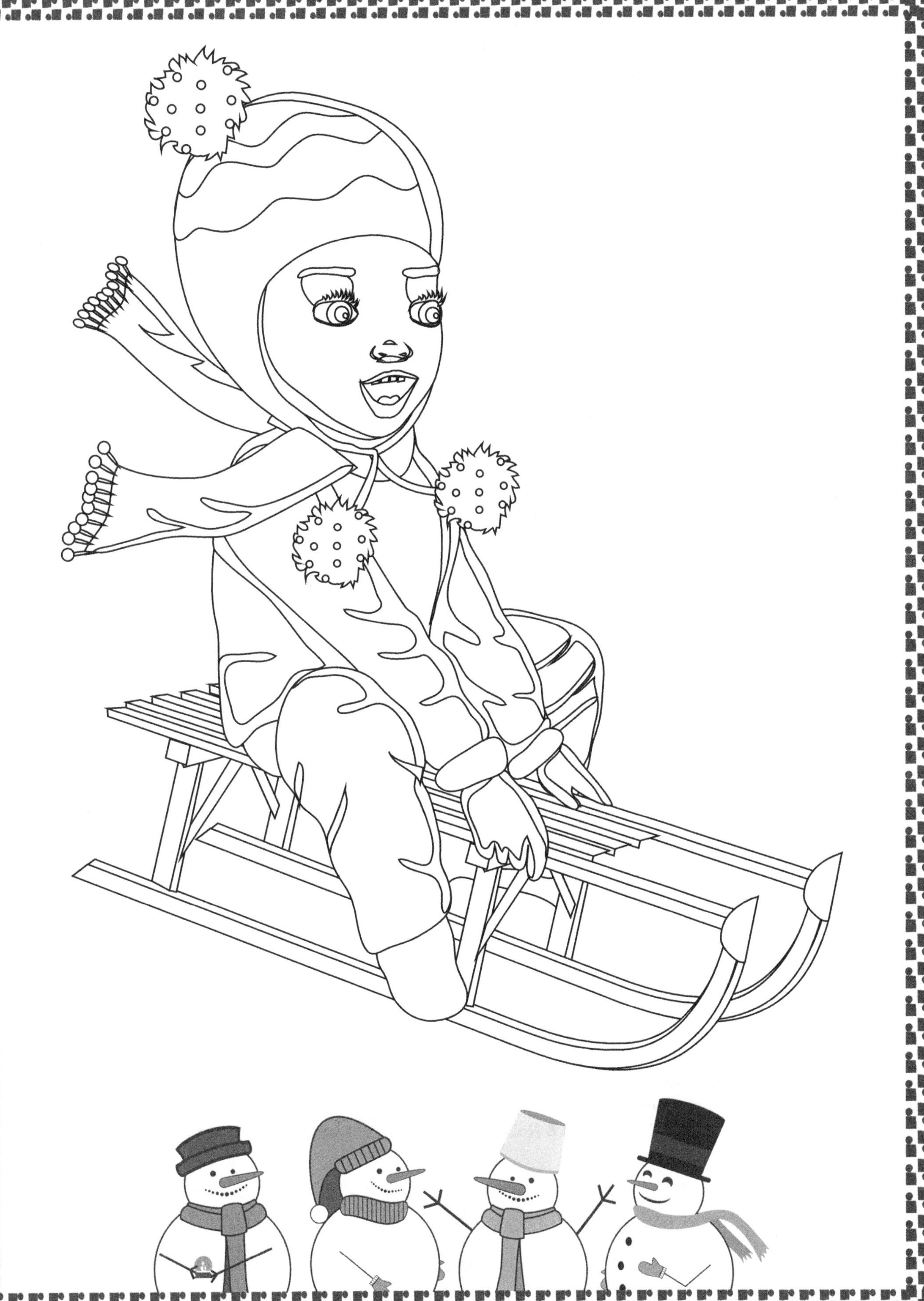

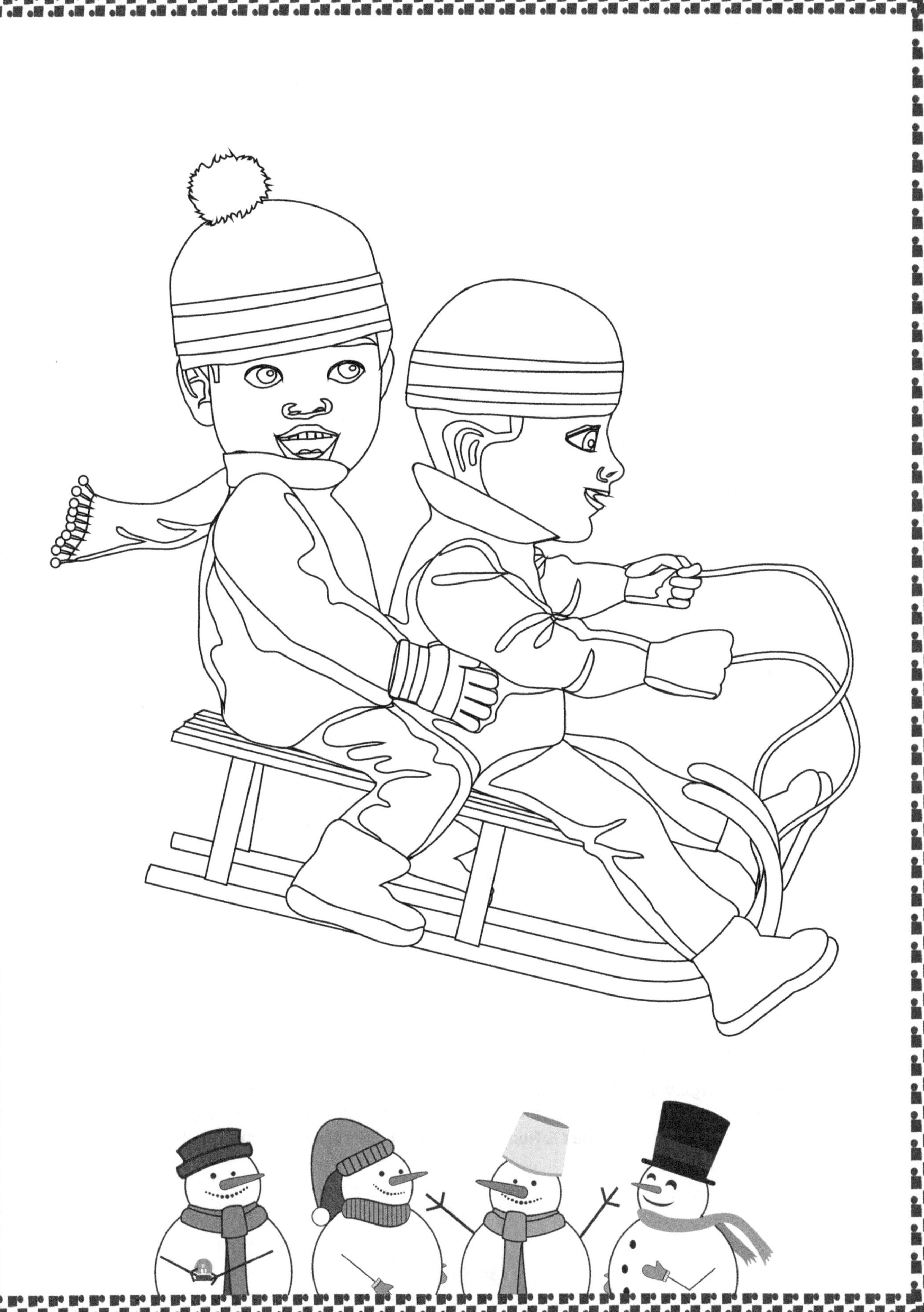

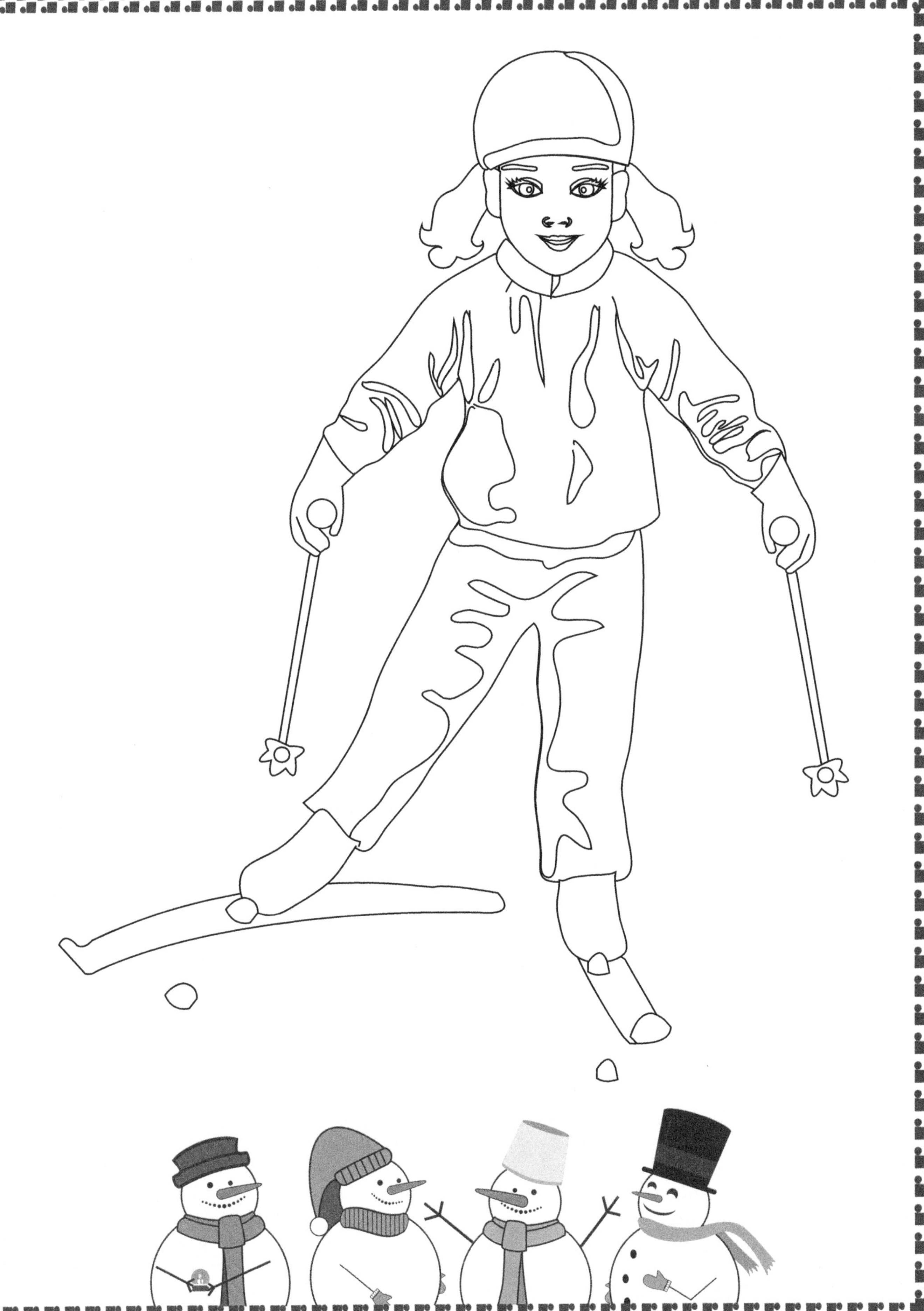

Made in the USA
Monee, IL
07 July 2026

56545385R00059